初級テキスト

みんなで話そう！韓国語

朴 珍希 著
(パク ジニ)

Ⅰ

CD付

大学教育出版

母 李尚順に

韓国語を学ぶみなさんへ

　みなさん、アンニョンハセヨ！
　このたび、『みんなで話そう！韓国語Ⅰ』を発刊することになりました。本書は、韓国語を楽しく学びながらコミュニケーションしてみたいという方のために、基礎文法や作文、また簡単な実用挨拶などが難なくできるように心掛けて作成した初級韓国語の教材です。言語教育理論をベースに、著者がこれまで、韓国語教育現場で培った経験から生み出した教授法により、学習者のみなさんが効率良く学べるテキストであるように工夫しました。

　本書は基本的に大学や高校、語学学校などの韓国語教育現場で、週１回の授業に使えば１年で終わるように構成されています。全20課で、第７課までは文字と発音規則について、第８課からは文法と表現の仕方について述べました。文法の説明にあたってはなるべく簡単明瞭な例文を取り入れ、教師の説明だけで十分理解できるようにしており、会話文も短いフレーズを導入して丸暗記を誘導しました。また、文字と発音規則の確実な定着がはかれるように「復習」を置き、いろいろな場面で使われる決まり文句は「役立つ表現」にまとめています。さらに、視覚的な記憶効果を利用した学習方法を取り、単語習得にとって効果的なイラストをより多く配置しました。
　教室で学んだ表現が教室の外でもすぐ使えるように、生き生きとした会話を中心とした自然な韓国語で構成していますが、独学も可能なように文法も丁寧に解説し、会話の運用力が身に付くよう心掛けました。
　本書での学習が終わる頃には、比較的に長い文が話せるようになり、韓国語会話がより楽しめるようになっていると思います。本書が、みなさんの韓国語の学習に、さらには韓国への理解にお役に立てることを心から願っています。

　本書の作成にあたり、ご協力してくださった方々にこの場をお借りして深く感謝申し上げます。

2012年2月25日　晴れの日に

朴　珍希

目　次

韓国語を学ぶみなさんへ ・・・・・・・・・・・・・・・・・・・・・・・・・・ i

第1課　韓国語とハングル文字 ・・・・・・・・・・・・・・・・・・・・・・ 2
　1-1) 韓国語　1-2) 日本語との比較　1-3) ハングル文字　1-4) ハングル文字の仕組み

第2課　母音を学ぼう1（基本母音）・・・・・・・・・・・・・・・・・・・・ 4

第3課　子音を学ぼう1（基本子音）・・・・・・・・・・・・・・・・・・・・ 8

第4課　子音を学ぼう2（重子音）・・・・・・・・・・・・・・・・・・・・・ 14

第5課　母音を学ぼう2（重母音）・・・・・・・・・・・・・・・・・・・・・ 18

　　■復習Ⅰ■ ・・・・・・・・・・・・・・・・・・・・・・・・・・・・・ 21

第6課　子音の分類とパッチm（終声）・・・・・・・・・・・・・・・・・・・ 22
　6-1) パッチmⅠ　6-2) パッチmⅡ　6-3) パッチmⅢ

第7課　発音のルール ・・・・・・・・・・・・・・・・・・・・・・・・・・ 24
　7-1) 連音化　7-2) 有声音化　7-3) 激音化　7-4) 鼻音化　7-5) 濃音化　7-6) 口蓋音化

　　■復習Ⅱ■ ・・・・・・・・・・・・・・・・・・・・・・・・・・・・・ 29

第8課　私は大学生です ・・・・・・・・・・・・・・・・・・・・・・・・・ 30
　8-1)　人称代名詞
　8-2)　名詞＋です／ですか（-입니다 / 입니까?）
　8-3)　名詞＋は（-는 / 은）
　8-4)　名詞＋といいます（-라고 합니다/이라고 합니다）

第9課　趣味は何ですか ・・・・・・・・・・・・・・・・・・・・・・・・・ 34
　9-1)　名詞＋と（-하고, 와 / 과, 랑 / 이랑）
　9-2)　名詞＋です（-예요 / 이에요）
　9-3)　名詞＋の（-의）

　　■復習Ⅲ■ ・・・・・・・・・・・・・・・・・・・・・・・・・・・・・ 37

第10課　誕生日はいつですか ・・・・・・・・・・・・・・・・・・・・・・ 38
　10-1) 漢字語数詞（일・이・삼…（いち・に・さん…））
　10-2) 名詞＋が/は（-가 / 이）
　10-3) 名詞＋ではありません（-가 / 이 아니에요）

第11課　週末は何をしますか ・・・・・・・・・・・・・・・・・・・・・・ 42
　11-1) 名詞＋を（-를 / 을）
　11-2) 韓国語の用言と活用
　11-3) 用言＋ます（か）／です（か）（-ㅂ니다 / 습니다）

第12課　学校の近くに住んでいます ・・・・・・・・・・・・・・・・・・・ 48
　12-1) 用言＋（ら）れます（か）（-세요（십니다）/으세요（으십니다））

12-2) 名詞 ＋でいらっしゃいます（か）（-세요（십니다）/이세요（이십니다））

12-3) 名詞 ＋に（-에）

第13課　姉と一緒に映画を観るのです・・・・・・・・・・・・・・・・・52

13-1) 用言 ＋ます（か）／です（か）Ⅰ（-아요（?）／어요（?）Ⅰ）

13-2) 「〜です（か）」（-요（?））

第14課　どんな季節が好きですか・・・・・・・・・・・・・・・・・・・58

14-1) 名詞 ＋が好きです（-를／을 좋아해요, -가/이 좋아요）

14-2) 名詞 ＋も（-도）

14-3) 用言 ＋ます（か）／です（か）Ⅱ（-아요（?）／어요（?）Ⅱ）

第15課　これはおいくらですか・・・・・・・・・・・・・・・・・・・・62

15-1) 指示詞（이・그・저・어느（この・その・あの・どの））

15-2) 固有語数字（하나・둘・셋…（一つ・二つ・三つ…））

15-3) 動詞 ＋してください／なさい（-세요/으세요）

第16課　何時に起きますか・・・・・・・・・・・・・・・・・・・・・・66

　　　　用言 ＋しません／くありません（-지 않아요）

第17課　辛いけど、おいしいです・・・・・・・・・・・・・・・・・・・70

17-1) 用言 ＋て／くて／で（-고）

17-2) 用言 ＋が／けれども（-지만）

17-3) 名詞 ＋より（-보다）

第18課　昨日は何をしましたか・・・・・・・・・・・・・・・・・・・・74

18-1) 名詞 ＋まで／までに（-까지）

18-2) 場所名詞 ＋で／から（-에서）, 時間名詞 ＋から（-부터）

18-3) 用言 ＋しました／でした（-았어요/었어요）＜過去Ⅰ＞

18-4) 名詞 ＋でした（-였어요/이었어요）＜過去Ⅱ＞

第19課　冷麺が食べたいです・・・・・・・・・・・・・・・・・・・・・78

19-1) 動詞 ＋したいです（-고 싶어요）

19-2) 用言 ＋します／でしょう（-겠어요）

19-3) 用言 ＋しましょうか／でしょうか（-ㄹ까요/을까요?）

19-4) 動詞 ＋しましょう（-ㅂ시다/읍시다）

19-5) 動詞 ＋しに行きます（-러/으러 가요）

19-6) 名詞 ＋で行きます（-로/으로 가요）

第20課　どこにありますか・・・・・・・・・・・・・・・・・・・・・・82

20-1) 動詞 ＋してください／お〜ください（-아/어 주세요）

20-2) 動詞 ＋してみてください（-아/어 보세요）

20-3) 動詞 ＋しています（-고 있어요）

■役立つ表現■
　Ⅰ　13／Ⅱ　29／Ⅲ　37／Ⅳ　47／Ⅴ　65／Ⅵ　68

■絵で学ぶ単語■
　① 趣味 28 ／ ② 人 33 ／ ③ 職業 36 ／ ④ 家族 41 ／ ⑤ 動作 46 ／ ⑥ 状態 47 ／ ⑦ 場所 51 ／ ⑧ 私の部屋 56 ／ ⑨ 干支 57 ／ ⑩ 食べ物・飲み物 65 ／ ⑪ 学校関係 68／ ⑫ 身の回りのもの 69 ／ ⑬ 一日の行動 72 ／ ⑭ 体の名称 73 ／ ⑮ 乗り物 77 ／ ⑯ 方向・位置 81

■資料■
　韓国の地図　v ／ハングル表 vi ／かなのハングル表記法 7 ／韓国の姓（名字） 10 ／ 国名の読み方 17 ／カタカナ語の読み方Ⅰ 17 ／カタカナ語の読み方Ⅱ 20 ／韓国のお金 20／科目・専攻 33 ／漢字語数詞を用いる助数詞 39 ／何月 39 ／時の表現 43 ／曜日 43 ／よく使われる副詞語 56 ／ 疑問を表すことば 61 ／助詞が付くと形が変わる固有語数詞 63 ／固有語数詞を用いる助数詞 63 ／韓国の行事（四大節句） 64 ／時間 67

■韓国語の歌■
　誕生日のお祝いの歌・・・・・・・・・・・・・・・・・・・84
　クマ3匹（童謡）・・・・・・・・・・・・・・・・・・・・84

■付録■
　助詞一覧・・・・・・・・・・・・・・・・・・・・・・・・85
　接続詞一覧・・・・・・・・・・・・・・・・・・・・・・・85
　単語リスト（韓国語 ― 日本語）・・・・・・・・・・・・・86
　単語リスト（日本語 ― 韓国語）・・・・・・・・・・・・・94

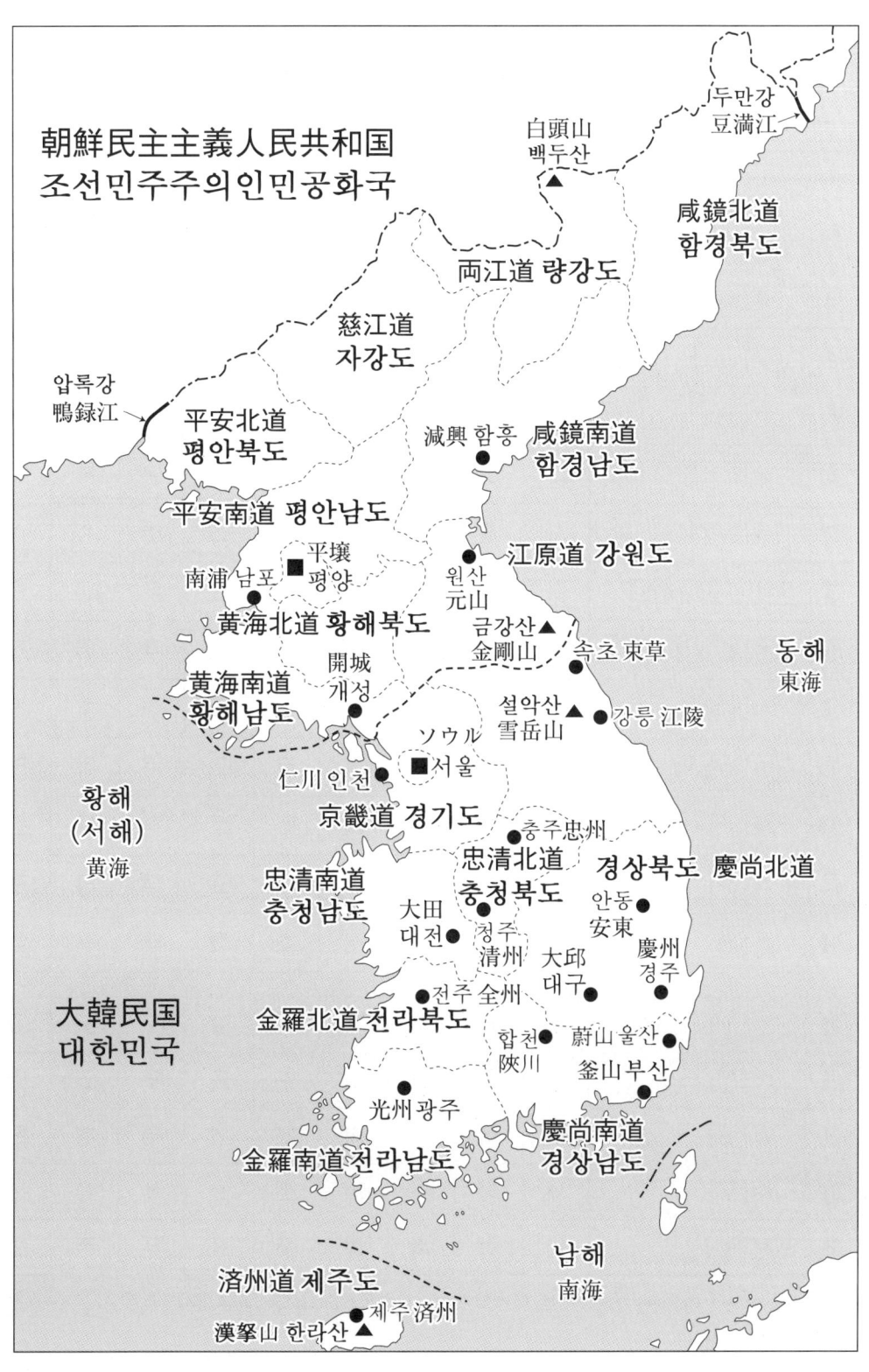

ハングル表

子音＼母音		1 ㅏ [a]	2 ㅑ [ya]	3 ㅓ [ɔ]	4 ㅕ [yɔ]	5 ㅗ [o]	6 ㅛ [yo]	7 ㅜ [u]	8 ㅠ [yu]	9 ㅡ [ɯ]	10 ㅣ [i]
①	ㄱ [k/g]	가	갸	거	겨	고	교	구	규	그	기
②	ㄴ [n]	나	냐	너	녀	노	뇨	누	뉴	느	니
③	ㄷ [t/d]	다	댜	더	뎌	도	됴	두	듀	드	디
④	ㄹ [r/l]	라	랴	러	려	로	료	루	류	르	리
⑤	ㅁ [m]	마	먀	머	며	모	묘	무	뮤	므	미
⑥	ㅂ [p/b]	바	뱌	버	벼	보	뵤	부	뷰	브	비
⑦	ㅅ [s/ʃ]	사	샤	서	셔	소	쇼	수	슈	스	시
⑧	ㅇ [ゼロ子音/ŋ]	아	야	어	여	오	요	우	유	으	이
⑨	ㅈ [ʧ/ʤ]	자	쟈	저	져	조	죠	주	쥬	즈	지
⑩	ㅊ [ʧʰ]	차	챠	처	쳐	초	쵸	추	츄	츠	치
⑪	ㅋ [kʰ]	카	캬	커	켜	코	쿄	쿠	큐	크	키
⑫	ㅌ [tʰ]	타	탸	터	텨	토	툐	투	튜	트	티
⑬	ㅍ [pʰ]	파	퍄	퍼	펴	포	표	푸	퓨	프	피
⑭	ㅎ [h]	하	햐	허	혀	호	효	후	휴	흐	히
⑮	ㄲ [ʔk]	까	꺄	꺼	껴	꼬	꾜	꾸	뀨	끄	끼
⑯	ㄸ [ʔt]	따	땨	떠	뗘	또	뚀	뚜	뜌	뜨	띠
⑰	ㅃ [ʔp]	빠	뺘	뻐	뼈	뽀	뾰	뿌	쀼	쁘	삐
⑱	ㅆ [ʔs]	싸	쌰	써	쎠	쏘	쑈	쑤	쓔	쓰	씨
⑲	ㅉ [ʔʧ]	짜	쨔	쩌	쪄	쪼	쬬	쭈	쮸	쯔	찌

＊「ㅑ, ㅕ, ㅛ, ㅠ, ㅒ, ㅖ」の音声記号は、それぞれ[ja][ɔ][jo][ju][jɛ][je]であるが、このテキストでは、

11	12	13	14	15	16	17	18	19	20	21
ㅐ [ɛ]	ㅒ [yɛ]	ㅔ [e]	ㅖ [ye]	ㅘ [wa]	ㅙ [wɛ]	ㅚ [we]	ㅝ [wɔ]	ㅞ [we]	ㅟ [wi]	ㅢ [ɰi]
개	걔	게	계	과	괘	괴	궈	궤	귀	긔
내	냬	네	녜	놔	놰	뇌	눠	눼	뉘	늬
대	댸	데	뎨	돠	돼	되	둬	뒈	뒤	듸
래	럐	레	례	롸	뢔	뢰	뤄	뤠	뤼	릐
애	얘	에	몌	뫄	뫠	뫼	뭐	뭬	뮈	믜
배	뱨	베	볘	봐	봬	뵈	붜	붸	뷔	븨
새	섀	세	셰	솨	쇄	쇠	쉬	쉐	쉬	싀
애	얘	에	예	와	왜	외	워	웨	위	의
재	쟤	제	졔	좌	좨	죄	줘	줴	쥐	즤
채	챼	체	쳬	촤	쵀	최	춰	췌	취	츼
캐	컈	케	켸	콰	쾌	쾨	쿼	퀘	퀴	킈
태	턔	테	톄	톼	퇘	퇴	퉈	퉤	튀	틔
패	퍠	페	폐	퐈	퐤	푀	풔	풰	퓌	픠
해	햬	헤	혜	화	홰	회	훠	훼	휘	희

깨	꺠	께	꼐	꽈	꽤	꾀	꿔	꿰	뀌	끠
때	떄	떼	뗴	똬	뙈	뙤	뚸	뛔	뛰	띄
빼	뺴	뻬	뼤	뽜	뽸	뾔	뿨	뿰	쀠	쁴
쌔	썌	쎄	쎼	쏴	쐐	쐬	쒀	쒜	쒸	씌
째	쨰	쩨	쪠	쫘	쫴	쬐	쭤	쮀	쮜	쯰

理解度を高めるために[ya][yɔ][yo][yu][yɛ][ye]のように[j]を[y]と表記する。

みんなで話そう!
韓国語Ⅰ

第1課　韓国語とハングル文字

1-1) 韓国語

　韓国語は、韓国と北朝鮮での公用語である。朝鮮半島全域および、中国東北部や旧ソ連・日本・米国など、合計使用人口はおよそ 7,951.5 万人にのぼる。2011 年の統計によると、韓国約 5,051.5 万人、北朝鮮約 2,200 万人、その他約 700 万人（アジア 391.7 万人、北米 240.8 万人、中南米 11.3 万人、ヨーロッパ 65.7 万人、オセアニア 16.2 万人、アフリカ 1.1 万人）である。韓国語使用人口は、2005 年現在、世界 13 位に入るが、言語別インターネット使用者数からみると、韓国語使用者数は 2009 年現在、世界 10 位に入る。

1-2) 日本語との比較

　韓国語と日本語は仕組みがよく似ていると言われている。語順がほとんど同じ、助詞（てにをは）・語尾の活用・敬語がある。漢字語が多く、日本語と発音が似ている漢字語が多い。

チョ	ヌン	メイル	テハッキョ	エソ	スオプ	ウル	パッスムニダ
저	는	매일	대학교	에서	수업	을	받습니다.
私	は	毎日	大学校	で	授業	を	受けます。

　日本語と文法的に似ているため、日本人にとってはかなり学びやすい言語である。これは逆の場合も同じで、韓国人が日本語を学ぶのも、英語や中国語を学ぶよりはるかに楽である。

1-3) ハングル文字

　ハングルとは、韓国語を表記する文字である。ハングルは、1443 年に当時の朝鮮王朝 4 代目の国王「世宗（セジョン）」を中心に「集賢殿（チピョンジョン）」の学者たちによって作られ、1446 年に「訓民正音（フンミンジョンウム）」という名で公布された。「大いなる文字」という意味の「ハングル」という名称を使い始めたのは 19 世紀末になってからである。

　韓国では「訓民正音」が公布された日を記念して、10 月 9 日を한글날（ハングルの日）と定めている。「訓民正音」は国宝第 70 号に指定され、1997 年 10 月ユネスコ世界記録遺産に登録された。ユネスコは、1989 年に世界各国で文盲撲滅事業に貢献した個人や団体に贈られる功労

賞を「世宗大王賞（セジョンデワン賞）」と名付け、毎年9月に授与している。

　ハングルは、地球上に存在する文字のうち、作った人物や作られた年が分かる珍しい文字である。さらに人工的に作られた文字で学びやすいように設計されているため、2009年には文字を持たないインドネシアの少数民族がハングルを公式文字として採用し、本格的な教育も始めている。これはハングル文字のグローバル化と言えるだろう。

1-4) ハングル文字の仕組み

　ハングル文字は、子音（シイン）と母音（ボイン）が組み合わさって1字になる。母音パーツと子音パーツの位置が決まっていて1字は1拍（1音節）で発音する。母音は基本母音10文字と重母音（カサネ）11文字で21文字、子音は基本子音14文字と重子音（カサネ）5文字で19文字、計40文字で構成されている。

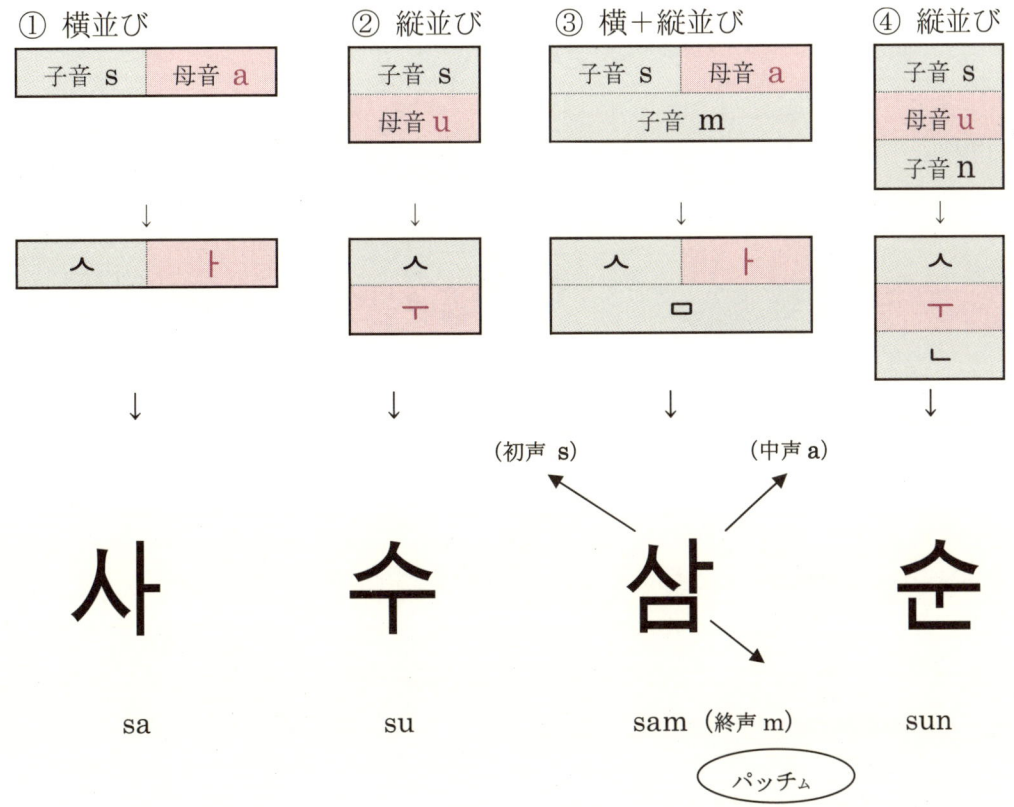

　ハングルの「子音＋母音」と「子音＋母音＋子音」の組み合わせで得られた文字の総数は1万1,172字にのぼるが、実際にはそのすべてが使われているわけではなく、2,350字程度が使われている（コンピュータの「完成版ハングルコード」の設定も2,350字が採択されている）。

第2課　母音を学ぼう1（基本母音）

CD-04

안녕하세요(안녕하십니까)?

어서 오세요(어서 오십시오).

発音と意味

▸ 안녕하세요?（アンニョンハセヨ）：こんにちは。

　안녕하십니까?（アンニョンハシmニカ）：こんにちは。（かしこまったとき）

　　＝おはようございます。こんにちは。こんばんは。お元気ですか。ご機嫌いかがですか。

※ 韓国では、家族同士ではこの表現（こんにちは）を使わない。

▸ 안녕?（アンニョン）：（友だち同士や、先生から生徒へのように目上の人が目下の人に使う表現。）

▸ 어서 오세요.（オソオセヨ）：いらっしゃいませ。

　　（어서：急いで・早く・ようこそ、오세요/오십시오：来てください）

　어서 오십시오.（オソオシpシオ）：いらっしゃいませ。（かしこまったとき）

　어서 와요.（オソワヨ）：いらっしゃい。

2-1) 基本母音　　　CD-05

母音字は「天・地・人」を象徴する「・」「―」「｜」の3つを基本にして作られ、これら3つの組み合わせによって「ㅏ, ㅑ, ㅓ, ㅕ, ㅗ, ㅛ, ㅜ, ㅠ, ㅡ, ㅣ」の10個ができる。これらを基本母音という。

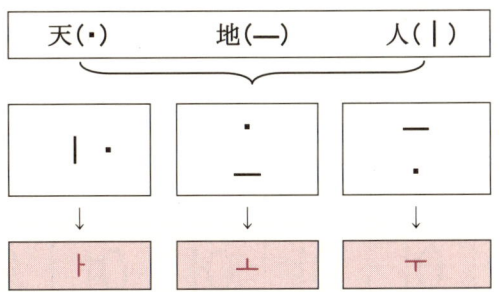

① ㅏ [a]　口を開けて「ア」
② ㅑ [ya]　口をはっきり開けて「ヤ」
③ ㅓ [ɔ]　口を大きく開いて「オ」
④ ㅕ [yɔ]　口を大きく開いて「ヨ」
⑤ ㅗ [o]　唇を突き出すように丸めて「オ」
⑥ ㅛ [yo]　唇を突き出すように丸めて「ヨ」
⑦ ㅜ [u]　唇を突き出すように丸めて「ウ」
⑧ ㅠ [yu]　唇を突き出すように丸めて「ユ」
⑨ ㅡ [ɯ]　唇を横に引いて「ウ」
⑩ ㅣ [i]　唇を横に引いて「イ」

※ 音声記号 [y]：「ㅑ, ㅕ, ㅛ, ㅠ」の音声記号は、それぞれ [ja] [jɔ] [jo] [ju]であるが、この本では、理解度を高めるため [ya] [yɔ] [yo] [yu]のように [j] を[y]で表記することにする。

● 書いてみよう！

ㅏ	ㅑ	ㅓ	ㅕ	ㅗ	ㅛ	ㅜ	ㅠ	ㅡ	ㅣ
ㅏ	ㅑ	ㅓ	ㅕ	ㅗ	ㅛ	ㅜ	ㅠ	ㅡ	ㅣ
아	야	어	여	오	요	우	유	으	이
아	야	어	여	오	요	우	유	으	이

◆ダンスで覚えよう！

◆練習◆　隣の人のダンスを見て、ハングルで書いてみよう！

①＿＿　②＿＿　③＿＿　④＿＿　⑤＿＿　⑥＿＿　⑦＿＿　⑧＿＿　⑨＿＿　⑩＿＿

● 読んでみよう！　　　　　　　　　　　　　　　　　　　　　CD-06

①  이　②  오　③  요　④  오이　⑤  우유

数字の2　　　　数字の5　　　　敷布団　　　　キュウリ　　　　牛乳

⑥  아이　⑦  이유　⑧  여우　⑨  여유　⑩  아야！

子ども　　　　理由　　　　キツネ　　　　余裕　　　　痛い！

第2課　母音を学ぼう1（基本母音）

■かなのハングル表記法■

あ	아	い	이	う	우	え	에	お	오
か	가 / 카	き	기 / 키	く	구 / 쿠	け	게 / 케	こ	고 / 코 ←語頭 / 語中・語尾
さ	사	し	시	す	스	せ	세	そ	소
た	다 / 타	ち	지 / 치	つ	쓰	て	데 / 테	と	도 / 토
な	나	に	니	ぬ	누	ね	네	の	노
は	하	ひ	히	ふ	후	へ	헤	ほ	호
ま	마	み	미	む	무	め	메	も	모
や	야			ゆ	유			よ	요
ら	라	り	리	る	루	れ	레	ろ	로
わ	와	促音「っ」はパッチm「ㅅ」で表記する。サッポロ→삿포로	を	오
ん	ㄴ	撥音「ん」はパッチm「ㄴ」で表記する。シンカンセン→신칸센
が	가	ぎ	기	ぐ	구	げ	게	ご	고
ざ	자	じ	지	ず	즈	ぜ	제	ぞ	조
だ	다	ぢ	지	づ	즈	で	데	ど	도
ば	바	び	비	ぶ	부	べ	베	ぼ	보
ぱ	바 / 파	ぴ	비 / 피	ぷ	부 / 푸	ぺ	베 / 페	ぽ	보 / 포
きゃ	갸 / 캬			きゅ	규 / 큐			きょ	교 / 쿄
ぎゃ	갸			ぎゅ	규			ぎょ	교
しゃ	샤			しゅ	슈			しょ	쇼
じゃ	자			じゅ	주			じょ	조
ちゃ	자 / 차			ちゅ	주 / 추			ちょ	조 / 초
ひゃ	햐			ひゅ	휴			ひょ	효
びゃ	뱌			びゅ	뷰			びょ	뵤
ぴゃ	퍄			ぴゅ	퓨			ぴょ	표
みゃ	먀			みゅ	뮤			みょ	묘
りゃ	랴			りゅ	류			りょ	료

※長母音は表記しない。東京（トウキョウ）→도쿄、大阪（オオサカ）→오사카

第3課　子音を学ぼう1（基本子音）

CD-07

안녕히 가세요(안녕히 가십시오).

또 만나요(또 만납시다).

発音と意味

▶ 안녕히 가세요.(アンニョンヒガセヨ)：さようなら（見送る側）。
　안녕히 가십시오.(アンニョンヒガシｐシオ)：さようなら（見送る側）。（かしこまったとき）
▶ 또 만나요.(ットマンナヨ)：また会いましょう。（또：また・再び、만나요：会いましょう）
　또 만납시다.(ットマンナｐシダ)：また会いましょう。（かしこまったとき）

※　いろいろな別れのあいさつ　※

▶ 안녕히 계세요.(アンニョンヒゲセヨ)：さようなら（去る側）。
　안녕히 계십시오.(アンニョンヒゲシｐシオ)：さようなら（去る側）。（かしこまったとき）
▶ 안녕～（アンニョ～ン）：さようなら（去る側、見送る側関係なく）。
　：友だち同士や、先生から生徒へのように目上の人が目下の人に使う表現。
▶ 또 봐요.（ットボァヨ）：また会いましょう。
　나중에 봐요.（ナジュンエ ボァヨ）：また後で。
　이따가 봐요.（イッタガ ボァヨ）：また後で。
▶ 잘 가요.（チャルガヨ）：さようなら（見送る側）。
　잘 있어요.（チャリッソヨ）：さようなら（去る側）。

3-1）基本子音 1（平音） CD-08

　子音は基本子音 14 字と重子音 5 字で、合計 19 字ある。基本子音は平音 9 字、激音 5 字に区別される。重子音は濃音ともいう。それぞれの音に「ト」を付けて読んでみよう。

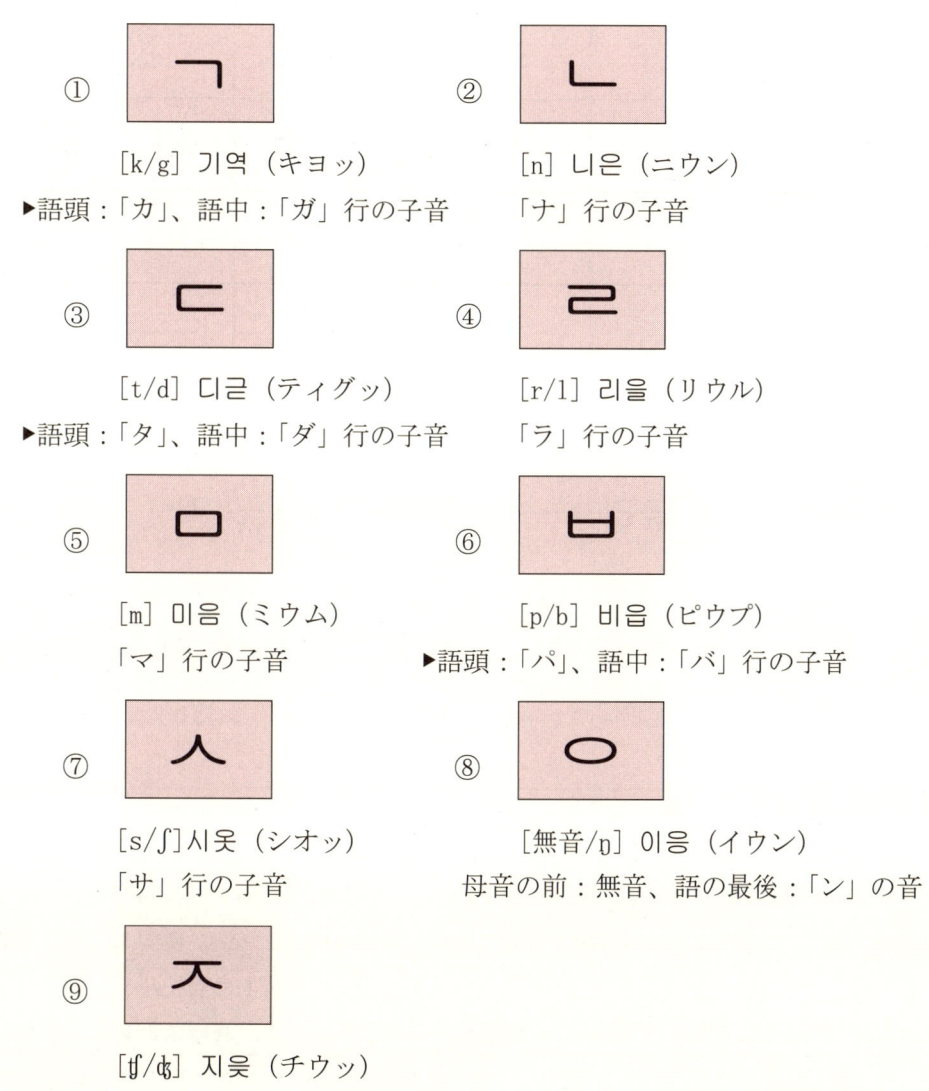

① ㄱ [k/g] 기역（キヨッ）
▶語頭：「カ」、語中：「ガ」行の子音

② ㄴ [n] 니은（ニウン）
「ナ」行の子音

③ ㄷ [t/d] 디귿（ティグッ）
▶語頭：「タ」、語中：「ダ」行の子音

④ ㄹ [r/l] 리을（リウル）
「ラ」行の子音

⑤ ㅁ [m] 미음（ミウム）
「マ」行の子音

⑥ ㅂ [p/b] 비읍（ピウプ）
▶語頭：「パ」、語中：「バ」行の子音

⑦ ㅅ [s/ʃ] 시옷（シオッ）
「サ」行の子音

⑧ ㅇ [無音/ŋ] 이응（イウン）
母音の前：無音、語の最後：「ン」の音

⑨ ㅈ [ʧ/ʤ] 지읒（チウッ）
▶語頭：「チャ」、語中：「ヂャ」行の子音

※ ▶印の［ㄱ, ㄷ, ㅂ, ㅈ］は、母音などに挟まれると有声音化する。

● 書いてみよう！

ㄱ	ㄴ	ㄷ	ㄹ	ㅁ	ㅂ	ㅅ	ㅇ	ㅈ
ㄱ	ㄴ	ㄷ	ㄹ	ㅁ	ㅂ	ㅅ	ㅇ	ㅈ

가	나	다	라	마	바	사	아	자
가	나	다	라	마	바	사	아	자

● 読んでみよう！　　　　　　　　　　　　　　　　　CD-09

① 요리　　② 유리　　③ 무리　　④ 가구　　⑤ 야구
　料理　　　ガラス　　　無理　　　家具　　　野球

⑥ 고기　　⑦ 주소　　⑧ 지도　　⑨ 어머니　⑩ 아버지
　肉　　　　住所　　　　地図　　　お母さん　お父さん

■韓国の姓（名字）■

　日本の姓の数は30万以上と言われているが、韓国はその100分の1にもならない286種で、本貫（先祖発祥の地のことで、蜜陽朴氏、全州李氏のように表記する）は4,179種ある。김(金)21.6％、이(李)14.8％、박(朴)8.5％の3種で全人口の半分近く44.9％になる。韓国人の姓は100％漢字で、名札・表札などはフルネームを使う（2字姓は8種）。2005年以前は同姓同本の者同士の結婚が禁止されていた。現在は血族の8親等以内、配偶者の6親等以内との近親婚禁止制度に改定されている。

1	김(金)	6	강(姜)	11	오(吳)	16	황(黃)	21	전(全)
2	이(李)	7	조(趙)	12	한(韓)	17	안(安)	22	고(高)
3	박(朴)	8	윤(尹)	13	신(申)	18	송(宋)	23	문(文)
4	최(崔)	9	장(張)	14	서(徐)	19	류(柳)	24	손(孫)
5	정(鄭)	10	임(林)	15	권(勸)	20	홍(洪)	25	양(梁)

（2000年の韓国統計庁の統計資料による）

第3課　子音を学ぼう1（基本子音）

◆ 母音と子音の組み合わせ　I

	ㅏ	ㅑ	ㅓ	ㅕ	ㅗ	ㅛ	ㅜ	ㅠ	ㅡ	ㅣ
ㄱ	①	갸	거	겨	②	교	②	규	그	⑧
ㄴ	③	냐	너	녀	노	뇨	③	뉴	느	니
ㄷ	⑨	댜	더	뎌	④	됴	두	듀	드	디
ㄹ	⑥	랴	러	려	④	료	⑩	류	르	⑤
ㅁ	②	먀	⑤	며	모	묘	무	뮤	므	미
ㅂ	⑨	뱌	버	벼	보	뵤	부	뷰	브	⑩
ㅅ	사	샤	서	셔	⑥	쇼	①	슈	스	시
ㅇ	아	⑧	어	⑦	오	요	우	유	으	⑧
ㅈ	⑦	쟈	저	져	조	죠	주	쥬	즈	지

◆練習◆　表の番号を探し、その単語を読んでみよう！　　CD-10

① 歌手　　　② さつま芋　　　③ 姉　　　④ 道路　　　⑤ 頭
＿＿＿＿　　＿＿＿＿＿　　＿＿＿　　＿＿＿＿　　＿＿＿

⑥ サザエ　　⑦ 女性　　　⑧ 話　　　⑨ 海　　　⑩ ルビ
＿＿＿＿　　＿＿＿＿　　＿＿＿　　＿＿＿　　＿＿＿

3-2) 基本子音 2（激音）

CD-11

　激音は、[ㅊ, ㅋ, ㅌ, ㅍ] の音で、平音の[ㅈ, ㄱ, ㄷ, ㅂ]に1画加えたり形を少し変えたりして表記する。

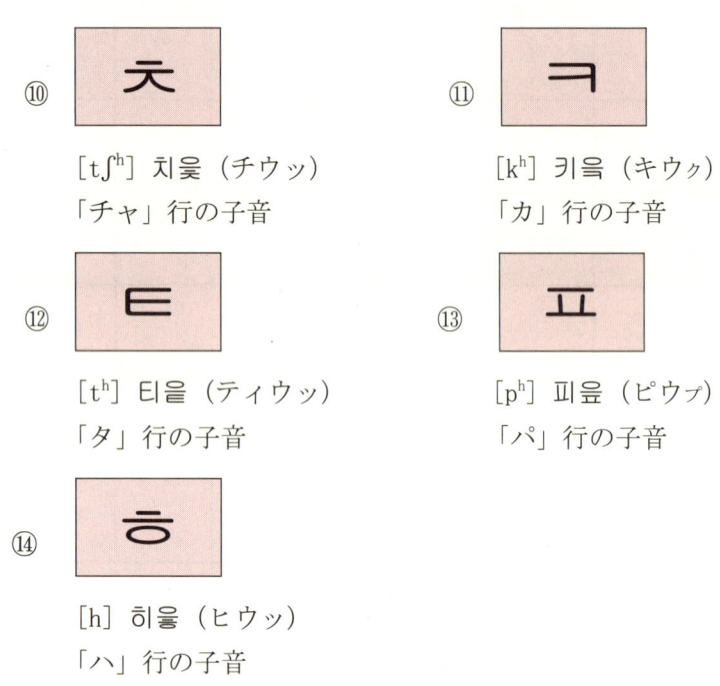

⑩ ㅊ [tʃʰ] 치읓（チウッ）「チャ」行の子音

⑪ ㅋ [kʰ] 키읔（キウㇰ）「カ」行の子音

⑫ ㅌ [tʰ] 티읕（ティウッ）「タ」行の子音

⑬ ㅍ [pʰ] 피읖（ピウㇷ゚）「パ」行の子音

⑭ ㅎ [h] 히읗（ヒウッ）「ハ」行の子音

● 書いてみよう！

ㅊ	ㅋ	ㅌ	ㅍ	ㅎ
ㅊ	ㅋ	ㅌ	ㅍ	ㅎ
차	카	타	파	하
차	카	타	파	하

第3課　子音を学ぼう1（基本子音）

● 読んでみよう！　　　　　　　　　　　　　　　　　　CD-12

① 코	② 고추	③ 치마	④ 피자	⑤ 차표
鼻	唐辛子	スカート	ピザ	乗車券
⑥ 포도	⑦ 커피	⑧ 토마토	⑨ 노트	⑩ 하나
ぶどう	コーヒー	トマト	ノート	一つ

◆ 母音と子音の組み合わせ II

	ㅏ	ㅑ	ㅓ	ㅕ	ㅗ	ㅛ	ㅜ	ㅠ	ㅡ	ㅣ
ㅊ	차	챠	처	쳐	①	쵸	추	츄	츠	⑤
ㅋ	②	캬	커	켜	①	쿄	③	큐	크	③
ㅌ	⑤	탸	터	텨	토	툐	투	튜	트	티
ㅍ	파	퍄	퍼	펴	포	표	푸	퓨	프	②
ㅎ	하	햐	허	④	호	효	후	휴	흐	히

◆練習◆　表の番号を探し、その単語を読んでみよう！　　CD-13

① チョコレート　② コピー　③ クッキー　④ 舌　⑤ チーター

役立つ表現 I　　　　　　　　　　　　　　　　　　　CD-14

어서 오세요.　　이거 얼마예요?　　　　　　화장실이 어디예요?　　저기예요.
いらっしゃいませ。　これはおいくらですか。　トイレはどこですか。　　あそこです。

第4課　子音を学ぼう2（重子音）

CD-15

감사해요(감사합니다).

천만에요(천만의 말씀입니다).

発音と意味

▸ 감사해요.(カmサヘヨ)：ありがとうございます。（감사：感謝、해요 / 합니다：します）
　감사합니다.(カmサハmニダ)：ありがとうございます。（かしこまったとき）
▸ 천만에요.(チョンマネヨ)：どういたしまして。
　천만의 말씀입니다.(チョンマネ マrスミmニダ)：どういたしまして。（かしこまったとき）

▸ 고맙습니다.(コマpスmニダ)：ありがとう。
　고마워요.(コマウォヨ)：ありがとう。
　고마워.(コマウォ)：ありがとう。（友だちや目下の人に）
▸ 아닙니다.(アニmニダ)：いいえ。どういたしまして。（かしこまったとき）
　아니에요.(アニエヨ)：いいえ。
　아니야.(アニヤ)：いや。（友だちや目下の人に）

14

第4課　子音を学ぼう2（重子音）

4-1）重子音（濃音）　　CD-16

　濃音は、[ㄲ, ㄸ, ㅃ, ㅆ, ㅉ]の音で、のどを緊張させて息を出さないように発音する。激音は強く息を出す「有気音」だが、濃音は息を出さない「無気音」である。

⑮ ㄲ
[ʔk] 쌍기역（ッサンギヨㇰ）
「しっかり」の「っか」の音

⑯ ㄸ
[ʔt] 쌍디귿（ッサンディグッ）
「ぴったり」の「った」の音

⑰ ㅃ
[ʔp] 쌍비읍（ッサンビウㇷ゚）
「さっぱり」の「っぱ」の音

⑱ ㅆ
[ʔs/ʔʃ] 쌍시옷（ッサンシオッ）
「あっさり」の「っさ」の音

⑲ ㅉ
[ʔtʃ] 쌍지읒（ッサンジウッ）
「ばっちり」の「っち」の音

● 書いてみよう！

ㄲ	ㄸ	ㅃ	ㅆ	ㅉ
ㄲ	ㄸ	ㅃ	ㅆ	ㅉ
까	따	빠	싸	짜
까	따	빠	싸	짜

● 読んでみよう！ CD-17

① 뼈　② 아까　③ 아빠　④ 오빠　⑤ 꼬리
　骨　　　さっき　　パパ　　兄（妹から）　しっぽ

⑥ 뿌리　⑦ 토끼　⑧ 코끼리　⑨ 허리띠　⑩ 아저씨
　根　　　ウサギ　　象　　　　ベルト　　　おじさん

◆ 母音と子音の組み合わせ Ⅲ

	ㅏ	ㅑ	ㅓ	ㅕ	ㅗ	ㅛ	ㅜ	ㅠ	ㅡ	ㅣ
ㄲ	까	꺄	꺼	껴	꼬	꾜	꾸	뀨	끄	끼
ㄸ	따	땨	떠	뗘	③	뚀	뚜	뜌	뜨	④
ㅃ	빠	뺘	뻐	⑤	뽀	뾰	뿌	쀼	④	삐
ㅆ	싸	쌰	써	쎠	쏘	쑈	쑤	쓔	쓰	②
ㅉ	①	쨔	쩌	쪄	쪼	쬬	쭈	쮸	쯔	찌

◆練習◆ 表の番号を探し、その単語を読んでみよう！ CD-18

① 塩辛い　② 〜さん　③ また　④ プチ　⑤ 骨

■子音の分類■ （息の出し方による分類）

平音		가	다	바	사	자
激音		카	타	파		차
濃音		까	따	빠	싸	짜

第4課　子音を学ぼう2（重子音）

◆練習◆　日本の地名を読んでみよう。

요코하마	오사카	후쿠오카	나가노	나고야	치바	도쿠시마
히로시마	규슈	나가사키	고치	교토	도쿄	야마구치

■国名の読み方■　CD-19

1	대한민국	大韓民国	9	일본	日本	17	북한	北朝鮮
2	영국	イギリス	10	뉴질랜드	ニュージーランド	18	칠레	チリ
3	미국	アメリカ	11	호주	オーストラリア	19	터키	トルコ
4	중국	中国	12	프랑스	フランス	20	이집트	エジプト
5	태국	タイ	13	러시아	ロシア	21	벨기에	ベルギー
6	독일	ドイツ	14	필리핀	フィリピン	22	그리스	ギリシャ
7	대만	台湾	15	아르헨티나	アルゼンチン	23	멕시코	メキシコ
8	캐나다	カナダ	16	베트남	ベトナム	24	브라질	ブラジル

※「日本＋人」のように、「〜人」は「国名＋사람」「国名＋인」、「日本＋語」のように、「〜語」は「国名＋어」「国名＋말」の形で表す。
　例）韓国人：「한국 사람」「한국인」、韓国語：「한국어」「한국말」
　　　日本人：「일본 사람」「일본인」、日本語：「일본어」「일본말」

■カタカナ語の読み方Ⅰ■　CD-20

1	아이스크림	アイスクリーム	8	롯데리아	ロッテリア	15	케첩	ケチャップ
2	커피	コーヒー	9	카페	カフェ	16	프라이드	フライド
3	햄버거	ハンバーガー	10	샐러드	サラダ	17	치킨	チキン
4	콜라	コーラ	11	애플파이	アップルパイ	18	샌드위치	サンドイッチ
5	패밀리	ファミリー	12	도넛	ドーナツ	19	디저트	デザート
6	레스토랑	レストラン	13	치즈버거	チーズバーガー	20	칵테일	カクテル
7	수퍼	スーパー	14	서비스	サービス	21	맥도날드	マクドナルド

☞外来語の発音は、それぞれの国の人々が発音しやすい形に変化していることが多いので、話しても通じないことがある。日本式と韓国式にはなかなか通じないところが多い。

第5課　母音を学ぼう2（重母音）

CD-21

미안해요(미안합니다).

괜찮아요(괜찮습니다).

発音と意味

- 미안해요.(ミアネヨ)：すみません。ごめんなさい。
  미안합니다.(ミアナmニダ)：すみません。ごめんなさい。（かしこまったとき）
- 괜찮아요.(クェンチャナヨ)：大丈夫です。気にしないで。
  괜찮습니다.(クェンチャンスmニダ)：大丈夫です。気にしないで。（かしこまったとき）

- 죄송해요.(チェソンヘヨ)：申し訳ありません。
  죄송합니다.(チェソンハmニダ)：申し訳ございません。（かしこまったとき）
- 미안해.(ミアネ)：ごめん。（友だちや目下の人）
- 괜찮아.(クェンチャナ)：大丈夫。（友だちや目下の人に）
- 별말씀을요.(ピョℓマℓスムリョ)：とんでもないです。
  별말씀을 다하세요.(ピョℓマℓスムℓ　ダハセヨ)：とんでもありません。（かしこまったとき）

第5課 母音を学ぼう2（重母音）

5-1) 重母音　　　　　　　　　　　　　　　　　　　　CD-22

　基本母音10文字の組み合わせで11文字の新たな母音が作られる。この本ではこれらを重母音（カサネ）と呼ぶことにする。[ㅏ, ㅑ, ㅓ, ㅕ]に[ㅣ]を加え、[ㅐ, ㅒ, ㅔ, ㅖ]が作られる。[ㅗ, ㅜ]と[ㅏ, ㅓ, ㅐ, ㅔ, ㅣ]が組み合わさると[ㅘ, ㅙ, ㅚ, ㅝ, ㅞ, ㅟ]ができ、これらは[w]が加わった発音になる。

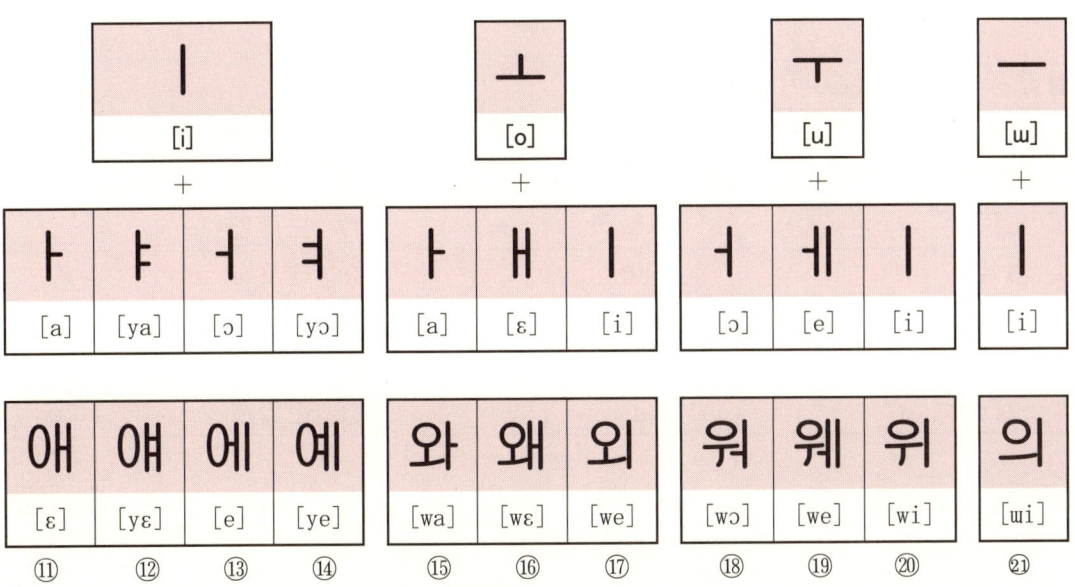

● 書いてみよう！

● 読んでみよう！　　　　　　　　　　　　　　　　　　　　　　　CD-23

① 예　　② 왜요?　　③ 노래　　④ 사과　　⑤ 의사
はい　　なぜですか　　歌　　リンゴ　　医師

⑥ 더워요　　⑦ 그래요?　　⑧ 교과서　　⑨ 취미　　⑩ 뭐예요?
暑いです　　そうですか　　教科書　　趣味　　何ですか

■カタカナ語の読み方Ⅱ■　　　　　　　　　　　　　　　　　　CD-24

1	라디오	ラジオ	8	비타민	ビタミン	15	톱스타	トップスター
2	에어컨	エアコン	9	올림픽	オリンピック	16	스타일	スタイル
3	노트북	ノートパソコン	10	렌트카	レンタカー	17	노코멘트	ノーコメント
4	컴퓨터	コンピュータ	11	투어	ツアー	18	해프닝	ハプニング
5	핸드폰	携帯電話	12	립스틱	口紅	19	파티	パーティー
6	소파	ソファ	13	텔레비전	テレビ	20	모닝티	モーニングティー
7	인터넷	インターネット	14	팩스	ファックス	21	컨디션	コンディション

■韓国のお金■　　　　　　　　　　　　　　　　　　　　　　　　CD-25

韓国のお金には、コインは4種類、紙幣は4種類がある。

10ウォン（십원）　：慶州・仏国寺の中にある国宝第20号の다보탑の絵。
　　　　　　　　　　キョンジュ　ブルグッサ　　　　　　　　　　　タボタプ
50ウォン（오십원）：米は韓国の主食。
100ウォン（백원）　：거북선（亀甲船）を作った이순신（李舜臣）将軍の顔。
　　　　　　　　　　コ ブッソン　　　　　　　イ スンシン
500ウォン（오백원）：天然記念物の鶴。
1,000ウォン（천원）：성리학자（性理学者）、퇴계 이황（退渓 李滉）の顔。
　　　　　　　　　　ソンニ ハッチャ　　　　　　テゲ イファン
5,000ウォン（오천원）：성리학자（性理学者）、율곡 이이（栗谷 李珥）の顔。
　　　　　　　　　　　　　　　　　　　　　　　ユルゴク イイ
1万ウォン（만원）：한글を制定した세종 대왕（世宗大王）の顔。
　　　　　　　　　ハングル　　　　　　セジョン デワン
5万ウォン（오만원）：文流文人・書画家である신사임당（申師任堂・栗谷 李珥の母）の顔。
　　　　　　　　　　　　　　　　　　　シン サイムダン
10万ウォン（십만원）：発行予定中。独立運動家・上海臨時政府の主席である김구（金九）の顔。
　　　　　　　　　　　　　　　　　　　　　　　　　　　　　　　　キムグ

第5課　母音を学ぼう2（重母音）

復習 I　　CD-26

오세요	왜요?	보세요	뭐예요?	가세요	언제예요?
来てください	なぜですか	見てください	何ですか	行ってください	いつですか

예뻐요	그래요?	주세요	누구세요?	바빠요	어디예요?
きれいです	そうですか	ください	どなた様ですか	忙しいです	どこですか

더워요	추워요	배고파요	배불러요	매워요	뜨거워요
暑いです	寒いです	お腹がすきました	お腹がいっぱいです	辛いです	熱いです

도와주세요	고마워요	기뻐요	어려워요	쉬워요	비싸요
助けてください	ありがとう	嬉しいです	難しいです	易しいです	（値段が）高いです

第6課　子音の分類とパッチм（終声）

박［pak］のように、바［pa］という文字の下に付く子音ㄱ［k］を終声（パッチм）といい、「支える」という意味がある。パッチмの文字は27種類あるが、発音は7種類（［ㄱk, ㄴn, ㄷt, ㄹℓ, ㅁm, ㅂp, ㅇŋ］）に集約されている。

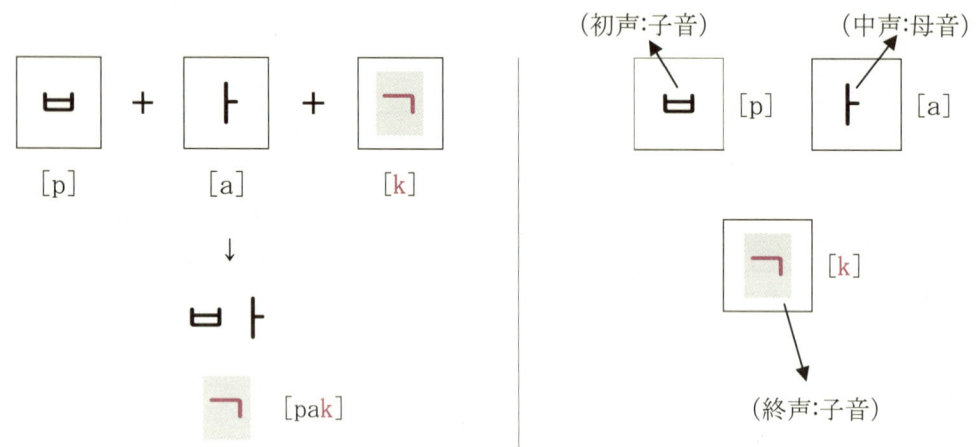

6-1) パッチмⅠ ［ㄴn, ㅁm, ㅇŋ, ㄹℓ］　　CD-27

パッチм［ㄴn, ㅁm, ㅇŋ］は鼻から抜ける音で、鼻音といい、パッチм［ㄹℓ］は舌先を口蓋（口腔のアーチ形をした上側部分）につけて発音する音で、流音という。

パッチм	音	例	発音例	グループ	単語例
ㄴ	［n］	안	あんない（［annai］안나이）	ㄴ, ㄵ, ㄶ	앉다, 많다
ㅁ	［m］	암	さんま（［samma］삼마）	ㅁ, ㄻ	몸, 삶다
ㅇ	［ŋ］	앙	リンゴ（［riŋgo］링고）	ㅇ	방, 공
ㄹ	［ℓ］	알		ㄹ, ㄺ, ㄽ, ㄾ, ㅀ	여덟, 잃다

● 読んでみよう！　　CD-28

① 눈　　② 돈　　③ 편지　　④ 김치　　⑤ 이름
　目・雪　　お金　　　手紙　　　キムチ　　　名前

⑥ 사랑　⑦ 안경　⑧ 빵　　⑨ 물　　⑩ 얼굴
　恋・愛　　メガネ　　パン　　　水　　　　顔

22

第6課 子音の分類とパッチm（終声）

6-2) パッチmⅡ ［ㄱ k, ㄷ t, ㅂ p］　　　CD-29

　パッチm ［ㄱ k, ㄷ t, ㅂ p］ は、すべて「ッ」と聞こえるかもしれないが、「ッ」の音が少しずつ異なる。パッチm ［ㄱ k, ㄷ t, ㅂ p］ は、息を止めたときに出す音である。

パッチm	音	例	発音例	グループ	単語例
ㄱ	[k]	악 [a^k]	がっかり（[gakkari]）	ㄱ, ㄲ, ㅋ, ㄳ, ㄺ	밖, 닭
ㄷ	[t]	앝 [a^t]	いった（[itta]）	ㄷ,ㅌ, ㅅ,ㅆ, ㅈ,ㅊ, ㅎ	끝, 옷, 꽃
ㅂ	[p]	압 [a^p]	かっぱ（[kappa]）	ㅂ, ㅍ, ㅄ, ㄿ	앞, 값

● 読んでみよう！　　　CD-30

① 국　　② 책　　③ 대학　　④ 옷　　⑤ 수첩
　汁　　　本　　　大学　　　服　　　手帳
⑥ 꽃　　⑦ 앞　　⑧ 밥　　⑨ 집　　⑩ 입
　花　　　前　　　ご飯　　　家　　　口

6-3) パッチmⅢ（2文字パッチm）

　複合終声（2文字パッチm）は、子音「ㄱ・ㄴ・ㄷ・ㄹ・ㅁ・ㅂ・ㅅ・ㅇ・ㅈ・ㅊ・ㅋ・ㅌ・ㅍ・ㅎ」の順序が早い方を発音する。

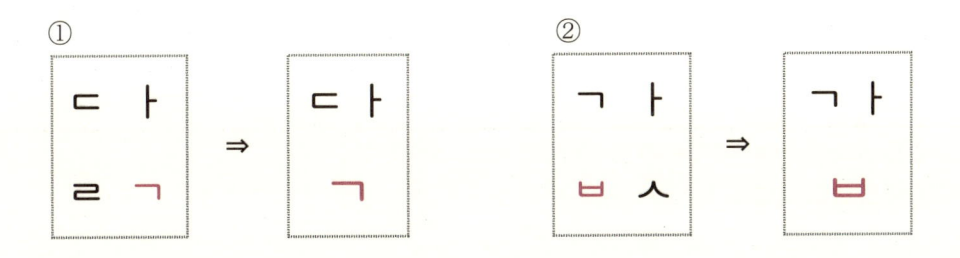

①　닭　⇒　닥　　　②　값　⇒　갑

　닭（鶏）の場合は、「ㄹ」の音より「ㄱ」の音の順番が早いので、［닥］と読む。값（値段）は「ㅅ」の音より「ㅂ」の音の順番が早いので、［갑］と読む。

　※注意　しかし、삶（生きること）、읊다（吟ずる）の場合は、子音の出る順番が遅い方、すなわち右側の文字を発音する。 삶 → ［삼］、읊다 → ［읍따］

第7課　発音のルール

CD-31

오래간만이에요(오래간만입니다).

네, 반가워요(반갑습니다).

発音と意味

▶ 오래간만이에요.（オレガンマニエヨ）：お久しぶりです。
　오래간만입니다.（オレガンマニmニダ）：お久しぶりです。（かしこまったとき）
▶ 반가워요.（パンガウォヨ）：嬉しいです。
　반갑습니다.（パンガpスmニダ）：嬉しいです。（かしこまったとき）

▶ 오랜만이에요.（オレンマニエヨ）：お久しぶりです。
▶ 만나서 반갑습니다.（マンナソ　パンガpスmニダ）：お会いできて嬉しいです。
　만나서 반가워요.（マンナソ　パンガウォヨ）：お会いできて嬉しいです。
　만나서 기뻐요.（マンナソ　キッポヨ）：会えて嬉しいです。
▶ 처음 뵙겠습니다.（チョウm　ベpケスmニダ）：はじめまして。

第7課　発音のルール

7-1）連音化

■1文字のパッチmの連音化■

＜Thank you＞が[サンキュー]になるのとよく似ている。パッチmの後に母音が続くと、パッチmの子音と母音がつながる。

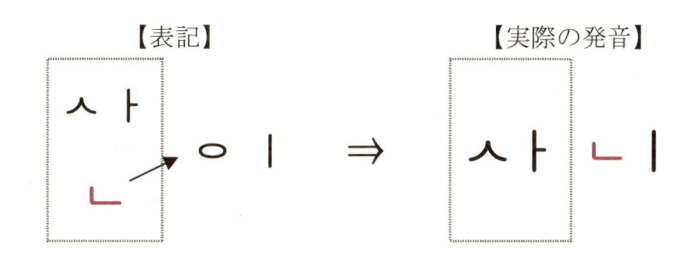

【表記】　사ㄴ + 이　⇒　【実際の発音】　사 니

◆用例1

表記	⇒	実際の発音		表記	⇒	実際の発音	
일본어	일보+ㄴ+어→[일보너]		日本語	옷이	오+ㅅ+이 → [오시]		服が
한국어	한구+ㄱ+어→[한구거]		韓国語	꽃이	꼬+ㅊ+이 → [꼬치]		花が
음악	으+ㅁ+악 → [으막]		音楽	할아버지	하+ㄹ+아버지→[하라버지]		おじいさん
앞에	아+ㅍ+에 → [아페]		前に	천만에요	천마+ㄴ+에요→[천마네요]		どういたしまして

※注意
1. パッチm[ㅇ]は連音化しない：영어[영어]英語、고양이[고양이]猫、생일[생일]誕生日
2. 「ㄴ」添加：무슨 일[무슨닐]何の用（日本語で「王」は普段[ou]と発音されるが、天[ten]のように[n]で終わる文字の後に来ると、天王寺[tennouji]のように[ou]の前に[n]を追加して発音されることと似ている）
3. 「ㄹ」添加：할 일[할릴]用事、仕事

◆練習◆　実際の発音を書いてみよう！

금요일 金曜日	안약 目薬	전화 電話	직업 職業	절약 節約	잠옷 パジャマ

■2文字のパッチmの連音化■

2文字のパッチmの後に母音が続くと、左側のパッチmは終声として発音されるが、右側のパッチmは次の母音とつながって発音される。

【表記】　　　　　　　　【実際の発音】

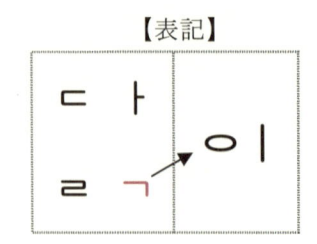

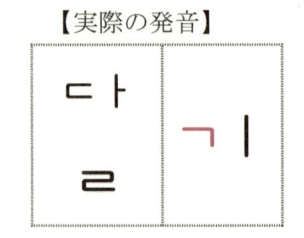

◆用例2

表記	⇒	実際の発音		表記	⇒	実際の発音	
넓이	널+ㅂ+이 → [널비]	広さ		있어요	이+ㅆ+어요 → [이써요]	います
밖에서	바+ㄲ+에서 → [바께서]	外で		갔어요	가+ㅆ+어요 → [가써요]	行きました
읽어요	일+ㄱ+어요 → [일거요]	読みます		왔어요	와+ㅆ+어요 → [와써요]	来ました
앉아요	안+ㅈ+아요 → [안자요]	座ります		젊은이	절+ㅁ+으+ㄴ+이 → [절므니]	若者

※注意　母音の前後や[ㄴ,ㄹ,ㅁ,ㅇ]パッチmの後の[ㅎ]は弱くなり、発音しない場合がある。
1. 無音化　많이（たくさん）　만+ㅎ+이 → 만+이 → [마니]
　　　　　 괜찮아요（大丈夫です）　괜찬+ㅎ+아요 → 괜찬+아요 → [괜차나요]
2. 弱化　　전화（電話）　저+ㄴ+ㅎ+ㅘ → [저놔]

7-2) 有声音化

傘[kasa]が日傘[higasa]になるのとよく似た発音の変化で、ㄱ[k→g]、ㄷ[t→g]、ㅂ[p→b]、ㅈ[ʧ→ʤ]になる。

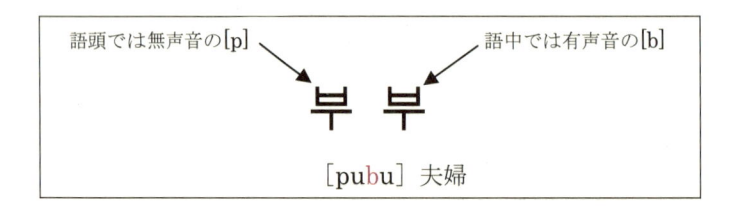

語頭では無声音の[p]　　　　　語中では有声音の[b]
부　부
[pubu] 夫婦

例）가구[kagu] 家具、 고기[kogi] 肉、 다도[tado] 茶道、 자주[chaju] よく・頻繁に

ただし、[ㅅ]は語中でも有声音化されない。
　例）감사[kamsa] 感謝、 주세요[chuseyo] ください

7-3) 激音化

パッチm[ㄱ][ㄷ][ㅂ]に[ㅎ]が続くと、それぞれ対応する激音[ㅋ][ㅌ][ㅍ]で発音される。

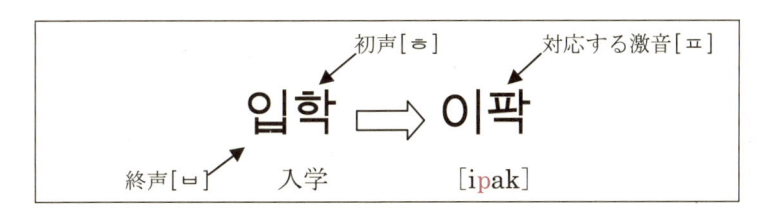

第7課　発音のルール

```
                    初声[ㅎ]        対応する激音[ㅍ]
                      ↓                ↓
              입학    ⇒    이팍
              ↑
          終声[ㅂ]    入学          [ipak]
```

例) 법학[버팍] 法学、국화[구콰] 菊、북한[부칸] 北朝鮮、좋다[조타] 良い

7-4) 鼻音化

パッチm[ㄱ][ㄷ][ㅂ]は、[ㄴ][ㅁ]の前で、それぞれ[ㅇ][ㄴ][ㅁ]で発音される。

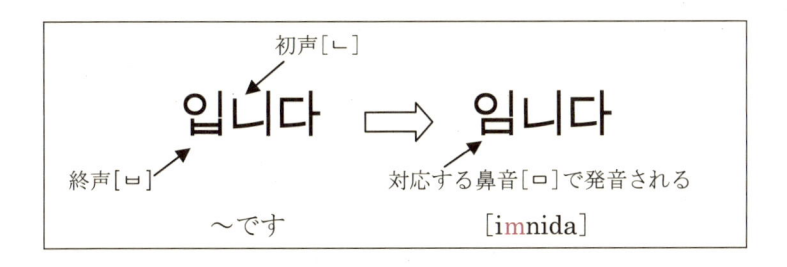

```
                        初声[ㄴ]
                          ↓
              입니다    ⇒    임니다
              ↑                    ↑
          終声[ㅂ]          対応する鼻音[ㅁ]で発音される
                 ～です              [imnida]
```

例) 합니다[함니다] します、한국말[한궁말] 韓国語、작년[장년] 昨年、박물관[방물관] 博物館

※注意
1. パッチm[ㅁ][ㅇ] に [ㄹ] が続くと、[ㄹ]は[ㄴ]と発音される。
   심리[심니] 心理、정리[정니] 整理、종류[종뉴] 種類、정류장[정뉴장] 停留場
2. パッチm[ㄱ][ㅂ] に [ㄹ] が続くと、パッチm[ㄱ][ㅂ]は鼻音化され、[ㅇ]と発音される。
   법률[범뉼] 法律、국력[궁녁] 国力、독립[동닙] 独立
3. パッチm[ㄴ]か[ㄹ] に [ㄹ] か[ㄴ] が続くと、どちらも[ㄹ]と発音される。
   신라[실라] 新羅、편리[펄리] 便利、설날[설랄] お正月

7-5) 濃音化

パッチm[ㄱ][ㄷ][ㅂ]の後に来る[ㄱ][ㄷ][ㅂ][ㅈ][ㅅ]は、濃音で発音される。

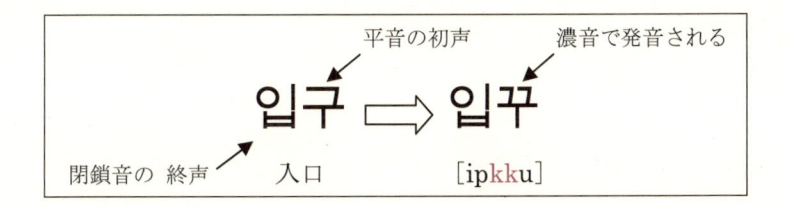

```
                    平音の初声        濃音で発音される
                      ↓                ↓
              입구    ⇒    입꾸
              ↑
          閉鎖音の 終声    入口        [ipkku]
```

27

例) 학생[학쌩] 学生、학교[학꾜] 学校、약속[약쏙] 約束、식당[식땅] 食堂

※注意
1. パッチm[ㄴ、ㅇ、ㄹ]に続く[ㄱ、ㄷ、ㅂ、ㅈ、ㅅ]は、濃音で発音される。
   인기[인끼]人気、한자[한짜]漢字、손수건[손쑤건]ハンカチ、갈거야[갈꺼야]行く予定だ
2. パッチmのない語でも発音[e]で終わる場合、続く[ㄱ]は、濃音で発音される。
   외과[외꽈]外科、내과[내꽈]内科、제 거예요[제꺼에요]私のものです
3. パッチm[ㅅ]に[ㄱ、ㄷ、ㅂ、ㅈ、ㅅ]が続くと、パッチm[ㅅ]は[ㄷ]に変わり、後続の[ㄱ、ㄷ、ㅂ、ㅈ、ㅅ]は、濃音で発音される。
   다섯 시[다섣씨] 5時、바닷가[바닫까] 海岸、숫자[숟짜] 数字

7-6) 口蓋音化

パッチm[ㄷ][ㅌ]の後に母音が続く場合は、子音[ㄷ][ㅌ]は、[ㅈ][ㅊ]で発音される。
例) 같이[가치] 一緒に、굳이[구지] あえて、맏이[마지] 一番上の兄・姉

■絵で学ぶ単語■ ① 趣味   CD-32

여행 旅行	독서 読書	요리 料理	농구 バスケ	축구 サッカー
쇼핑 ショッピング	요가 ヨガ	게임 ゲーム	수영 水泳	골프 ゴルフ
배구 バレーボール	볼링 ボーリング	스키 スキー	테니스 テニス	낚시 釣り
인터넷 インターネット	드라이브 ドライブ	가라오케 カラオケ	영화감상 映画鑑賞	음악감상 音楽鑑賞

第7課　発音のルール

復習Ⅱ　CD-33

맛있어요	맞아요	아니에요	조심하세요	알겠어요	모르겠어요
おいしいです	そうです	違います	気を付けて	分かります	分かりません

좋아요	싫어요	따뜻해요	시원해요	빨라요	늦어요
よいです	いやです	暖かいです	涼しいです	早いです	遅れます

役立つ表現 Ⅱ　CD-34

다녀오세요.　다녀오겠습니다.
行ってらっしゃい。　行ってきます。

잘 자요.　안녕히 주무세요.
おやすみ！　おやすなさい。

많이 드세요.　잘 먹겠습니다.
たくさん召し上がってください。　いただきます。

입에 맞아요?　아주 맛있어요.
お口に合いますか。　とてもおいしいです。

第8課　저는 대학생입니다.

CD-35

리에: 안녕하세요?
　　　제 이름은 야마다 리에입니다.
수호: 안녕하십니까? 윤수호라고 합니다.
　　　만나서 반갑습니다.
리에: 수호 씨는 회사원입니까?
수호: 아니요. 대학생입니다.

＜第8課　私は大学生です＞	＜語句＞	
りえ：こんにちは。	저：私（わたくし）	대학생：大学生
私の名前は山田りえです。	-입니다：〜です	제：私（わたくし）の
スホ：こんにちは。ユンスホといいます。	이름：名前	-는/은：〜は
お会いできて嬉しいです。	-씨：〜さん	회사원：会社員
りえ：スホさんは会社員ですか。	-입니까?：ですか	아니요：いいえ
スホ：いいえ。大学生です。	-라고 합니다：〜といいます	

8-1) 人称代名詞　　　　　　　　　　　　　　　　　　　　　　　　　　　CD-36

人称	単　数		複　数	
1人称	나	わたし、僕	우리	わたしたち、我々
	저	わたくし	저희	わたくしたち
2人称	너	きみ、お前	너희(들)	きみたち、お前ら
	당신	あなた	여러분	みなさん
3人称	그	彼	그들	彼ら
	그녀	彼女	그녀들	彼女ら
	이분	この方	이분들	この方々、この方たち
	그분	その方	그분들	その方々、その方たち
	저분	あの方	저분들	あの方々、あの方たち

☛韓国語の1人称代名詞は性別による使い分けはない。英語の「you」のように一般的に使われる2人称代名詞はないので、「당신」も夫婦の間や公告文など限定された場面でしか使わない。3人称代名詞の「그・그녀」は文章語で、話し言葉としては使わない。

8-2) 名詞 ＋です／ですか

名詞 ＋ 입니다	名詞 ＋ です
名詞 ＋ 입니까?	名詞 ＋ ですか

☛名詞[1]に付き、丁寧な断定の意を表すときは「－입니다」を付ける。疑問文のときは「－입니까?」を付ける。「입니다／입니까?」がパッチmのない名詞に付くとき、会話では「이」が脱落する場合がある。「친구입니다：친구＋(이)ㅂ니다 → 친굽니다」。書くときは脱落しない方がよい。

① 친구 ＋ 입니다.（友だちです。）→　친구 ＋ 입니까?（友だちですか。）
② 학생 ＋ 입니다.（学生です。）　→　학생 ＋ 입니까?（学生ですか。）

◆練習◆　次の文を完成させ、言ってみよう。
　1) 한국 사람＿＿＿＿＿？（韓国人ですか。）
　2) 아뇨, 일본 사람＿＿＿＿＿.（いいえ、日本人です。）

※「はい」は、「네」「예」があるが、「예」の方がより丁寧な言い方である。
　「いいえ」は、「아뇨」「아니요」があるが、「아니요」の方がより丁寧な言い方である。

8-3) 名詞 ＋は

---
[1] 正確には体言（名詞・代名詞・数詞）のこと。本書では代表として名詞だけを挙げる。

① パッチm無 名詞 ＋	는	名詞 ＋ は
② パッチm有 名詞 ＋	은 （連音化）	

☞パッチmのない名詞には「는」が、パッチmのある名詞には「은」が付く。

① 저 ＋ 는 （わたくしは）　친구 ＋ 는 （友だちは）　우리 ＋ 는 （我々は）
② 사람 ＋ 은 （人は）　학생 ＋ 은 （学生は）　일본 ＋ 은 （日本は）

◆練習◆　次の文を完成させ、言ってみよう。
1) 사쿠라＿＿＿ 일본 사람입니다.（さくらは日本人です。）
2) 선생님＿＿＿ 한국 사람입니다.（先生は韓国人です。）

8-4)　名詞＋といいます

① パッチm無 名詞 ＋	라고 합니다	名詞 ＋ といいます
② パッチm有 名詞 ＋	이라고 합니다 （連音化）	

☞パッチmのない名詞には「라고 합니다」、パッチmのある名詞には「이라고 합니다」が付く。

① 리에 ＋ 라고 합니다.（りえといいます。）　→ 리에라고 합니다.
② 배용준＋이라고 합니다.（ペヨンジュンといいます。）　→ 배용준이라고 합니다.

◆練習◆　次の文を完成させ、言ってみよう。
1) 저＿＿＿　다나카＿＿＿＿＿＿.（私は田中といいます。）
2) 제 친구＿＿＿　＿＿＿＿＿＿입니다.（私の友だちは中国人です。）

■自己紹介にチャレンジ！■　CD-37

안녕하세요?	こんにちは。
처음 뵙겠습니다.	はじめまして。
저는 <u>야마다 리에</u>라고 합니다.	私は<u>山田りえ</u>といいます。
만나서 반갑습니다.	お会いできて嬉しいです。
<u>일본 사람</u>입니다.	<u>日本人</u>です。
<u>모모타로</u> 대학교 <u>일학년</u>입니다.	<u>桃太郎大学</u>の<u>1年生</u>です。（発音は[이랑년]）
전공은 <u>교육학</u>입니다.	専攻は<u>教育学</u>です。
취미는 <u>여행</u>입니다.	趣味は<u>旅行</u>です。
잘 부탁드립니다.	よろしくお願いいたします。

第8課 私は大学生です

■絵で学ぶ単語■ ② 人　　CD-38

한국인 韓国人	일본인 日本人	중국인 中国人	미국인 アメリカ人	외국인 外国人
선생님 先生	초등학생 小学生	중학생 中学生	고등학생 高校生	대학생 大学生
유치원생 幼稚園児	유학생 留学生	동급생 同級生	선배 先輩	후배 後輩
친구 友だち	어른 大人	어린이 子ども	여자 女の人	남자 男の人

■科目・専攻■　　CD-39

교육	국어	사회	수학	공학	체육
教育	国語	社会	数学	工学	体育
과학	화학	문학	정치	역사	한국사
科学	化学	文学	政治	歴史	韓国史
경제	경영	상업	농학	복지	심리
経済	経営	商業	農学	福祉	心理
의학	치학	보건	간호	건축	물리
医学	歯学	保健	看護	建築	物理

第9課　취미는 뭐예요?

CD-40

리에: **수호 씨 취미는 뭐예요?**

수호: **제 취미는 운동이에요.**

리에: **무슨 운동이에요?**

수호: **야구하고 태권도예요.**

<第9課　趣味は何ですか>	<語句>
りえ：スホさんの趣味は何ですか。	-씨：～さん　　무슨：何の、どんな
スホ：私の趣味は運動です。	취미：趣味　　　운동：運動
りえ：どんな運動ですか。	뭐(무엇の縮約形)：何　야구：野球
スホ：野球とテコンドーです。	-예요(?)：～です（か）　-하고：～と
	-이에요(?)：～です（か）　태권도：テコンドー

第9課　趣味は何ですか

9-1) 名詞＋と

① パッチm無 名詞＋	하고	와	랑	名詞 ＋ と
② パッチm有 名詞＋	하고	과	이랑（連音化）	

☞ 名詞に付き、並立を表す。パッチmに関係なく、そのまま使うのは「하고」、パッチmのない名詞には「와」や「랑」が、パッチmのある名詞には「과」や「이랑」が付く。

① 아이＋ [하고 / 와 / 랑]　（子どもと）　　② 어른＋ [하고 / 과 / 이랑]　（大人と）

◆練習◆　次の文を完成させ、言ってみよう。
1) 엄마_____・_____ 아빠는 회사원입니다．（ママとパパは会社員です。）
2) 취미는 쇼핑_____・_____ 요리입니다．（趣味はショッピングと料理です。）

9-2) 名詞＋です／ですか

① パッチm無 名詞＋	예요（？）	名詞 ＋ です(か)
② パッチm有 名詞＋	이에요（？）（連音化）	

☞ パッチmのない名詞には「예요」が、パッチmのある名詞には「이에요」が付く。「입니다」と同じ意味であるが、「입니다」がかしこまった場面で用いられるのに対して、「예요／이에요」は打ち解けた場面で用いられる。普通「예요」と書くが、[에요] と発音する。

① 저 ＋ 예요．（わたくしです。）　　　친구 ＋ 예요．（友だちです。）
② 일본 사람 ＋ 이에요．（日本人です。）　학생 ＋ 이에요．（学生です。）

◆練習◆　次の文を完成させ、言ってみよう。
1) 전공은 경제_____？（専攻は経済ですか。）
2) 아뇨, 문학_____．（いいえ、文学です。）

9-3) 名詞＋の

名詞 ＋ 의	名詞 ＋ の

☞ 「의」が所有や属性を表す場合は、[에] と発音する。

・일본의 노래（日本の歌）　　한국의 학생（韓国の学生）

「의」は、単純な所有を表すときや、方向・位置を表す語句の前は省略されることが多い（81ページ参考）。また、人称代名詞に「의」が付く場合には、次のように縮約される場合がある。

- 책상 위（机の上）　　　학교 앞（学校の前）
- 저의 → 제（わたくしの）　나의 → 내（わたしの）　너의 → 네（あなたの、君の）

◆練習◆　次の文を完成させ、言ってみよう。
1) 누구 거예요?（誰のものですか。）
2) _____ 거예요.（私のものです。）

■絵で学ぶ単語■　③　職業　　　　　　　　　　　　　　　　　CD-41

교사 教師	배우 俳優	가수 歌手	주부 主婦	의사 医師
미용사 美容師	간호사 看護師	약제사 薬剤師	요리사 調理師	변호사 弁護士
사장 社長	자영업 自営業	회사원 会社員	공무원 公務員	은행원 銀行員
아르바이트 アルバイト	아나운서 アナウンサー	스포츠선수 スポーツ選手	운전사 運転手	경찰관 警察官

第9課　趣味は何ですか

復習 Ⅲ　　　　　　　　　　　　　　　　　　　　　　　　　CD-42

멋있어요	귀여워요	반가워요	기다리세요	피곤해요	힘들어요
かっこいいです	可愛いです	(会えて)嬉しいです	待ってください	疲れています	つらいです

같아요	달라요	비슷해요	무서워요	들어오세요	큰일이에요
同じです	異なります	似ています	怖いです	お入りください	大変です

役立つ表現 Ⅲ　　　　　　　　　　　　　　　　　　　　　CD-43

잘 먹었습니다.　더 드세요.
　ごちそうさま。　おかわりをどうぞ。

실례하겠습니다.　들어오세요.
　失礼します。　お入りください。

수고하세요.　수고하셨습니다.
　頑張ってください。　お疲れさまでした。

第１０課　생일은 언제예요?

CD-44

리에 : **생일은 언제예요?**

수호 : **시월 사일이에요.**

리에 : **몇 년생이에요?**

수호 : **천구백팔십구년생이에요.**

리에 : **무슨 띠예요?**

수호 : **뱀띠예요.**

＜第10課　誕生日はいつですか＞	＜語句＞
りえ：誕生日はいつですか。 スホ：10月4日です。 りえ：何年生まれですか。 スホ：1989年生まれです。 りえ：何年ですか。 スホ：蛇年です。	생일：誕生日　　　　언제：いつ 시월：10月　　　　　사일：4日 몇 년생：何年生まれ 천구백팔십구년생：1989年生まれ 무슨：何の〜　　　　-띠：〜年 뱀：蛇

第10課　誕生日はいつですか

10-1)　漢字語数詞　　　　　　　　　　　　　　　　　　　CD-45

日本語の数詞には2通りあるが、そのうち「いち・に・さん…」の数え方に当たる数詞を、「漢字語数詞」という。「0」は、「공」「영」がある。電話番号を表すときには「공」、単位が付くときには「영」（3対0＝삼 대 영）が使われる。

（「一万」の場合、韓国語は「万」だけを使う）

1	2	3	4	5	6	7	8	9	10
일	이	삼	사	오	육	칠	팔	구	십
11	12	13	14	15	16	17	18	19	20
십일	십이	십삼	십사	십오	십육	십칠	십팔	십구	이십
30	40	50	60	70	80	90	100	1000	10000
삼십	사십	오십	육십	칠십	팔십	구십	백	천	만

■ 漢字語数詞を用いる助数詞 ■

| 년(年) | 월(月) | 일(日) | 분(分) | 초(秒) | 원(ウォン) | 세(歳) |
| 번(番) | 호(号) | 층(階) | 회(回) | 도(度) | 킬로그램(kg) | 센티미터(cm) |

① 전화 번호는 공구공 이칠삼오 육사일팔이에요.
　　　　　　　　　（電話番号は090−2735−6418です。）
② 얼마예요? － 만오천 원이에요.（いくらですか。1万5,000ウォンです。）

◆練習◆　次の文を完成させ、言ってみよう。
1) 저는 오십삼 ＿＿＿이에요.（私は53番です。）
2) 저는 십구＿＿＿예요.（私は19歳です。）

■ 何月 ■　　　　　　　　　　　　　　　　　　　　　　CD-46

1月	2月	3月	4月	5月	6月	7月	8月	9月	10月	11月	12月
1월	2월	3월	4월	5월	6월	7월	8월	9월	10월	11월	12월
일월	이월	삼월	사월	오월	유월	칠월	팔월	구월	시월	십일월	십이월

☞「6月・10月」の場合は、「6・10」の数字のパッチmがなくなって「유월・시월」になる。

① 생일은 몇 월 며칠이에요?（誕生日は何月何日ですか？）
② 제 생일은 오월 십이일이에요.（私の誕生日は5月12日です。）

◆練習◆　次の文を完成させ、言ってみよう。
1) ＿＿＿월 ＿＿＿＿일은 어버이날이에요. （5月8日は父母の日です。）
2) 오늘은 ＿＿＿＿월 ＿＿＿＿＿일이에요. （今日は10月4日です。）

10-2) 名詞＋が／は

① パッチm無 名詞＋	가	名詞＋が／は
② パッチm有 名詞＋	이（連音化）	

☛パッチmのない名詞には「가」が、パッチmのある名詞には「이」が付く。疑問詞疑問文の場合、日本語では「駅はどこですか」のように「は」を用いるが、韓国語では「が」がよく使われる。

① 비 ＋ 가 （雨が）　　어머니 ＋ 가 （お母さんが）
② 눈 ＋ 이 （雪が）　　봄 ＋ 이 （春が）

◆練習◆　次の文を完成させ、言ってみよう。
1) 이 노래＿＿＿＿ 좋아요. （この歌が好きです、この歌がよいです。）
2) 한국인 친구＿＿＿＿ 있어요. （韓国人の友だちがいます。）

10-3) 名詞＋ではありません

① パッチm無 名詞＋	가 아니에요 / 아닙니다	名詞＋ではありません
② パッチm有 名詞＋	이 아니에요 / 아닙니다（連音化）	

☛名詞を否定する。パッチmのない名詞には「가 아니에요」が、パッチmのある名詞には「이 아니에요」が付く。

① 주부　→　주부 ＋ 가 아니에요 / 아닙니다. （主婦ではありません。）
② 회사원　→　회사원 ＋ 이 아니에요 / 아닙니다. （会社員ではりません。）

◆練習◆　次の文を言ってみよう。
1) 야마다 씨는 한국 사람이에요？（山田さんは韓国人ですか。）
2) 아뇨, 한국 사람이 아니에요. （いいえ、韓国人ではありません。）
　　일본 사람이에요. （日本人です。）
3) 선생님은 일본분입니까？ （先生は日本の方ですか。）
4) 아니요, 선생님은 한국분입니다. （いいえ、先生は韓国の方です。）

第10課　誕生日はいつですか

■絵で学ぶ単語■　④　家族 가족　　CD-47

할아버지	할머니	외할아버지	외할머니
父方の祖父	父方の祖母	母方の祖父	母方の祖母

고모	삼촌	아버지 (아빠)	어머니 (엄마)	이모	외삼촌
おばさん	おじさん	お父さん（パパ）	お母さん（ママ）	おばさん	おじさん

언니	오빠	누나	형
姉	兄	姉	兄

저 ← 私 → 저

(여)동생	(남)동생
妹	弟

부모	남편	아내	아들	딸	손자	사촌	조카
父母	夫	妻	息子	娘	孫	いとこ	姪・甥

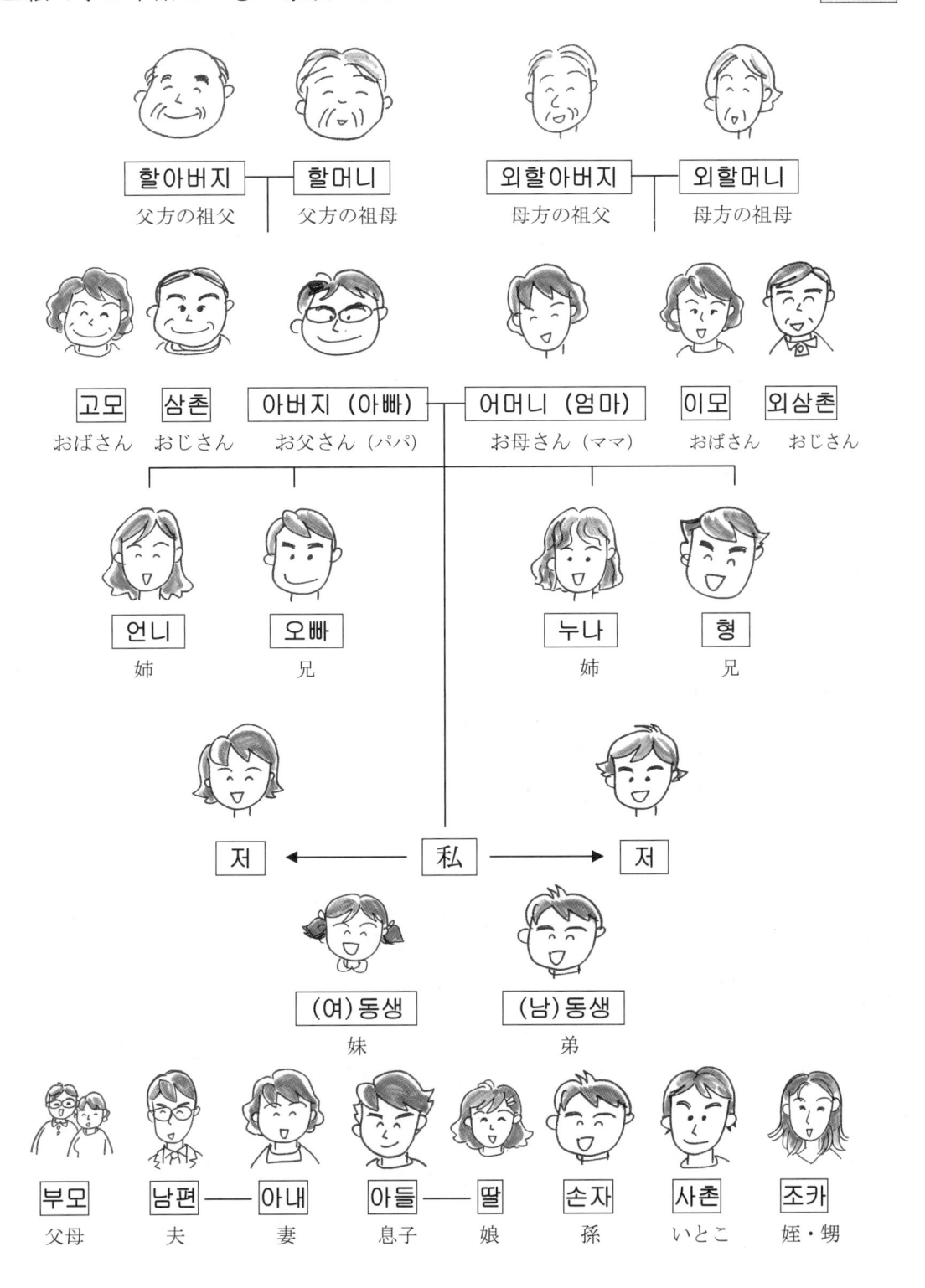

第１１課　주말에 뭐 합니까?

CD-48

리에: 주말에 뭐 합니까?

수호: 아르바이트를 합니다.

　　　화요일과 수요일은 태권도를 배웁니다.

리에: 태권도를 좋아합니까?

수호: 네, 아주 좋아합니다.

＜第11課　週末は何をしますか＞	＜語句＞	
りえ：週末は何をしますか。	주말：週末	수요일：水曜日
スホ：アルバイトをします。	뭐（무엇의 縮約形）：何（を）	-를/을：〜を
火曜日と水曜日はテコンドーを習います。	합니까？：しますか	태권도：テコンドー
りえ：テコンドーが好きですか。	아르바이트：アルバイト	좋아하다：好きだ
スホ：はい。大好きです。	화요일：火曜日	아주：とても

第 11 課　週末は何をしますか

■ 時の表現 ■　　　　　　　　　　　　　　　　　　　　　　　　CD-49

昔	今	昨日	今日	明日	朝	昼	晩・夕方
옛날	지금	어제	오늘	내일	아침	점심	저녁
週末	平日	去年	今年	来年	先週	今週	来週
주말	평일	작년	올해	내년	지난 주	이번 주	다음 주

■曜日■　　　　　　　　　　　　　　　　　　　　　　　　　　CD-50

日曜日	月曜日	火曜日	水曜日	木曜日	金曜日	土曜日
일요일	월요일	화요일	수요일	목요일	금요일	토요일

11-1)　名詞＋を

			名詞＋を
①	パッチm無 名詞＋	를	
②	パッチm有 名詞＋	을 （連音化）	

☞目的を表す。パッチmのない名詞には「를」が、パッチmのある名詞には「을」が付く。

① 아르바이트 ＋ 를　（アルバイトを）　　숙제 ＋ 를　（宿題を）
② 텔레비전　＋ 을　（テレビを）　　　　책　＋ 을　（本を）

◆練習◆　次の文を完成させ、言ってみよう。
1) 공부＿＿＿ 합니다.（勉強をします。）　　청소＿＿＿ 합니다.（掃除をします。）
2) 음악＿＿＿ 듣습니다.（音楽を聴きます。）　일＿＿＿ 합니다.（仕事をします。）

※注意　日本語の「～に会う」「～に乗る」「～しに行く」「～が好きだ」「～が嫌いだ」の場合、韓国語は助詞「를 / 을」を使う。

친구를 만납니다.（友だちに会います。）
택시를 탑니다.（タクシーに乗ります。）
쇼핑을 갑니다.（ショッピングに行きます。）
한국 노래를 좋아합니다.（韓国の歌が好きです。）
바퀴벌레를 싫어합니다.（ゴキブリが嫌いです。）

11-2) 韓国語の用言と活用

韓国語の用言には、動詞・形容詞・指定詞・存在詞がある。用言は語尾による活用がある。

▶**指定詞**　指定詞は、名詞・数詞などの体言に付く。

意味	語幹	語尾	
～である	이	다	基本形/原形/辞書形

☞「学生である」の場合、「학생（学生）」に「이다（である）」が付き、「학생이다」になる。

▶**存在詞**　存在詞は、物や人の区別をしない。

意味	語幹	語尾	
ある・いる	있	다	基本形/原形/辞書形
ない・いない	없		

▶**動詞・形容詞**　動詞・形容詞の語尾は同じ形である。

意味	語幹	語尾	
会う	만나	다	基本形/原形/辞書形
嬉しい	기쁘		

11-3)　用言＋ます（か）／です（か）　＜ㅂ니다体＞

用言の語幹に付き、「動詞・存在詞＋ます」、「形容詞・指定詞＋です」の意味になる。

11-3-1)　パッチㅁがない場合

意味	語幹	語尾		
する	하	다	（基本形）	하다
します		ㅂ니다	（丁寧形）	합니다
しますか		ㅂ니까?	（丁寧形）	합니까?
行く	가	다	（基本形）	가다
行きます		ㅂ니다	（丁寧形）	갑니다
行きますか		ㅂ니까?	（丁寧形）	갑니까?

① 오다（来る）　→　누가 옵니까? (誰が来ますか。)
② 오다（来る）　→　친구가 옵니다. (友だちが来ます。)

第 11 課　週末は何をしますか

◆練習◆　表を完成させよう。

만나다 会う	만납니까?	만납니다.
사다 買う		
비싸다 (値段が)高い		
모르다 分からない		
크다 大きい		
좋아하다 好きだ		
쓰다 書く・使う		
보다 見る		

11-3-2)　パッチmがある場合

意味	語幹	語尾	
ある・いる	이 ㅆ	다 （基本形）	있다
あります・います		습니다 （丁寧形）	있습니다
ありますか・いますか		습니까? （丁寧形）	있습니까?
そうだ	그러 ㅡ ㅎ	다 （基本形）	그렇다
そうです		습니다 （丁寧形）	그렇습니다
そうですか		습니까? （丁寧形）	그렇습니까?

① 있다（いる）　→　애완 동물은 있습니까?（ペットはいますか。）
② 그렇다（そうだ）　→　네, 그렇습니다.（はい、そうです。）
③ 있다（ある）　→　자전거는 있습니까?（自転車はありますか。）
④ 있다（ある）　→　네, 있습니다.（はい、あります。）

◆練習◆　表を完成させよう。

먹다 食べる	먹습니까?	먹습니다.
맛있다 おいしい		
좋다 良い		
읽다 読む		
덥다 暑い		
춥다 寒い		
뜨겁다 熱い		

11-3-3) パッチmが「ㄹ」の場合

意味	語幹	語尾	
知る・わかる	알	다　　（基本形）	알다
知っています・わかります	↓	ㅂ니다　（丁寧形）	압니다
知っていますか・わかりますか	아	ㅂ니까?　（丁寧形）	압니까?

☞パッチmが「ㄹ」の場合、「ㄹ」を取って「ㅂ니다」を付ける。

※注意　「닭」のように「ㄹ」を含む2文字パッチmの場合は、「パッチmがある場合」で扱う。

① 살다　（住む）　→　어디(에) 삽니까?（どこに住んでいますか。）
② 살다　（住む）　→　나라에 삽니다.（奈良に住んでいます。）

◆練習◆ 表を完成させよう。

놀다　遊ぶ	놉니까?	놉니다.
만들다　作る		
팔다　売る		

■絵で学ぶ単語■　⑤ 動作　　　　　　　　　　　CD-51

가다 行く	오다 来る	먹다 食べる	마시다 飲む	보다 見る	타다 乗る
하다 する	놀다 遊ぶ	읽다 読む	듣다 聞く	쓰다 書く	만들다 作る
만나다 会う	살다 住む	다니다 通う	웃다 笑う	울다 泣く	앉다 座る
말하다 言う	이야기하다 話す	사용하다 使う	뛰다 走る	배우다 習う	가르치다 教える

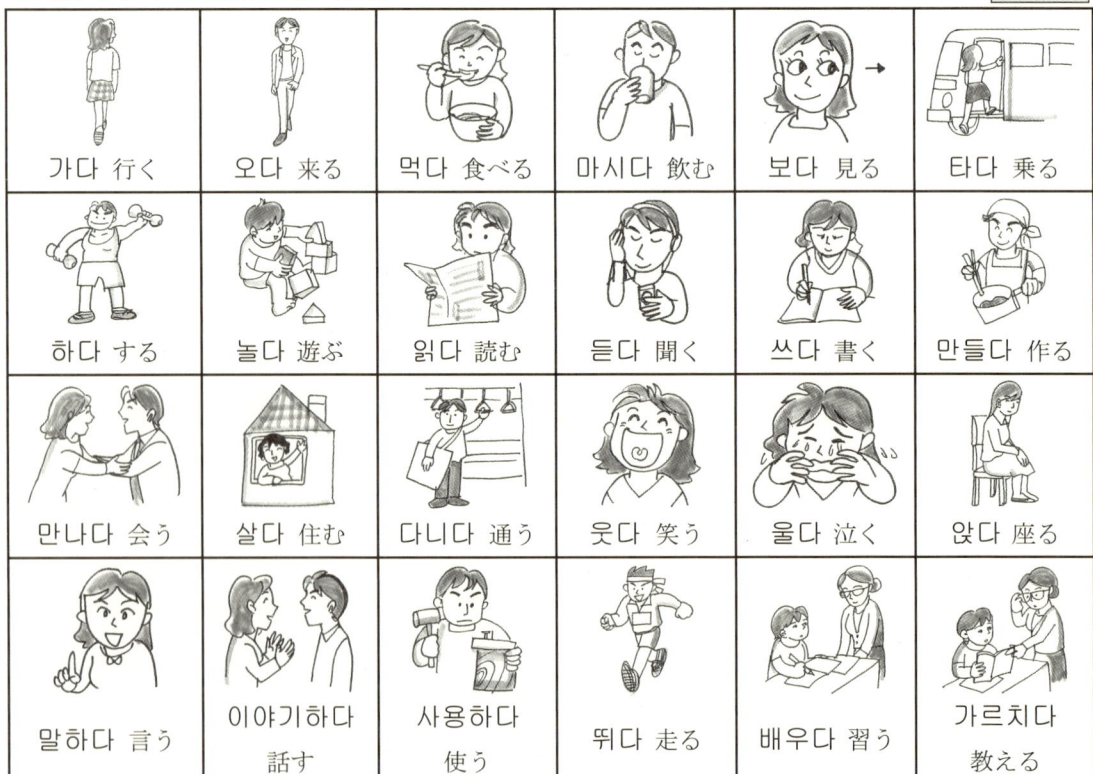

第11課　週末は何をしますか

■絵で学ぶ単語■　⑥　状態　　　　　　　　　　　　　　　　　　　　　　CD-52

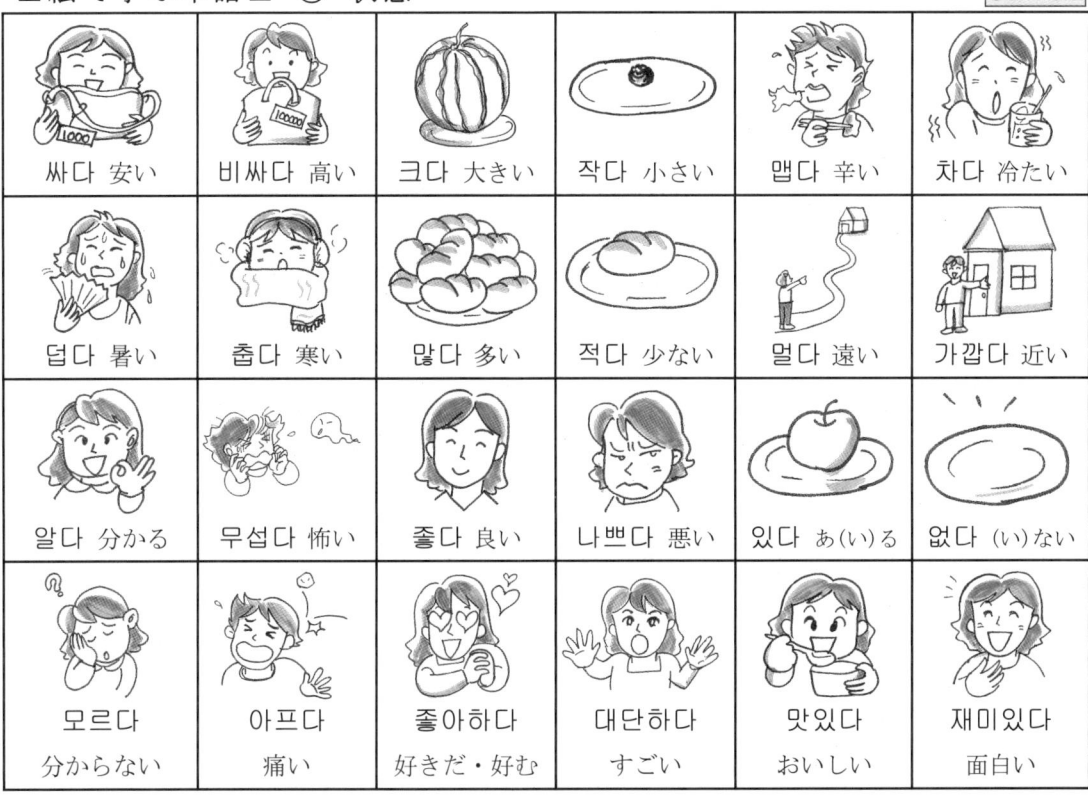

싸다 安い	비싸다 高い	크다 大きい	작다 小さい	맵다 辛い	차다 冷たい
덥다 暑い	춥다 寒い	많다 多い	적다 少ない	멀다 遠い	가깝다 近い
알다 分かる	무섭다 怖い	좋다 良い	나쁘다 悪い	있다 あ(い)る	없다 (い)ない
모르다 分からない	아프다 痛い	좋아하다 好きだ・好む	대단하다 すごい	맛있다 おいしい	재미있다 面白い

役立つ表現 Ⅳ　　　　　　　　　　　　　　　　　　　　　　　　　CD-53

여보세요?　네, 말씀하세요.
もしもし。　　はい、どうぞ。

아무도 안 계세요?　　네, 나가요.
誰かいませんか。　はい、今行きます！

저기요!　뭘 도와드릴까요?
あの〜すみません。　何かお困りですか。

第１２課　학교 근처에 삽니다.

CD-54

리에: 어디에 사십니까?

수호: 학교 근처에 삽니다.

리에: 부모님과 함께 사십니까?

수호: 아뇨, 부모님은 시골에 계세요.

<第12課　学校の近くに住んでいます>	<語句>
りえ：どこに住んでいらっしゃいますか。 スホ：学校の近くに住んでいます。 りえ：ご両親と一緒に住んでいらっしゃいますか。 スホ：いいえ。両親は田舎にいらっしゃいます。	어디：どこ　　　　　　살다：住む 사십니까?：住んでいらっしゃいますか? 학교 근처：学校の近く　　-에：〜に 삽니다：住んでいます　　부모님：ご両親 함께：一緒に　　　　　시골：田舎、実家 계세요：いらっしゃいます

第12課　学校の近くに住んでいます

12-1)　用言＋（ら）れます（か）

用言の語幹に付き、尊敬を表す。

① パッチm無 語幹 ＋	시	用言＋(ら)れる
② パッチm有 語幹 ＋	으시（連音化）	

意味	語幹	尊敬	語尾	
行く	가		다　　（基本形）	가다
行かれる		시	다　　（基本形）	가시다
行かれます			ㅂ니다　（丁寧形）	가십니다
			어요　　（丁寧形）	가세요
行かれますか			ㅂ니까?　（丁寧形）	가십니까?
			어요?　（丁寧形）	가세요?
受け取る	받	으시	다　　（基本形）	받다
受け取られる			다　　（基本形）	받으시다
受け取られます			ㅂ니다　（丁寧形）	받으십니다
			어요　　（丁寧形）	받으세요
受け取られますか			ㅂ니까?　（丁寧形）	받으십니까?
			어요?　（丁寧形）	받으세요?

▶ パッチmが「ㄹ」の場合：　「ㄹ」を取って、「시＋어요」を付ける。

意味	語幹	語尾	
作る	만들 → 만드	다	만들다
作られます		시어요	만드세요

① 만나다（会う）　→　친구를 만나세요. (友だちに会われます)
② 입다（着る）　→　한복을 입으세요. (チマチョゴリを着られます)
③ 살다（住む）　→　도쿄에 사세요. (東京に住んでおられます)

◆練習◆　表を完成させよう。

오다	来る	오십니까?	오세요.
보다	見る		
읽다	読む		
웃다	笑う		

※注意　動詞の中には「시・으시」を付けずに単語自体が他の尊敬語に変わるものがある。例）食べる・飲む(먹다・마시다)→召し上がる(드시다)、いる(있다)→いらっしゃる(계시다)、寝る(자다)→おやすみになる(주무시다)。

12-2) 名詞＋でいらっしゃいます（か）

名詞に付き、尊敬を表す。

① パッチm無 名詞 ＋	시 （이脱落）	名詞＋でいらっしゃる
② パッチm有 名詞 ＋	이시 （連音化）	

意味	語幹	尊敬	語尾	
主婦である	주부(이)		다 （基本形）	주부다
主婦でいらっしゃる		시	다 （基本形）	주부시다
主婦でいらっしゃいます			어요 （丁寧形）	주부세요
			ㅂ니다 （丁寧形）	주부십니다
お客様である	손님이		다 （基本形）	손님이다
お客様でいらっしゃる		시	다 （基本形）	손님이시다
お客様でいらっしゃいます			어요 （丁寧形）	손님이세요
			ㅂ니다 （丁寧形）	손님이십니다

① 야마다 씨 ＋ 시다　→　야마다 씨세요?（山田さんでいらっしゃいますか。）
② 선생님 ＋ 이시다　→　박 선생님이세요?（朴先生でいらっしゃいますか。）

12-3) 名詞＋に

名詞 ＋ 에	名詞 ＋ に

「－에」は、場所や時などを表す「～に」に当たる。

① （帰着点）　　　서울에 갑니다.（ソウルに行きます。）
② （場所）　　　　오사카에 삽니다.（大阪に住んでいます。）
③ （時）　　　　　세 시에 만납니다.（3時に会います。）
④ （数える単位）　한 개에 얼마예요?（1個いくらですか。）

▶ 人名詞＋に／人名詞＋から

名詞（人・動物）＋ 에게　（한테）	名詞（人・動物）＋ に
名詞（人・動物）＋ 에게서（한테서）	名詞（人・動物）＋ から

人・動物に用いる「～に」には、「－에게／한테」がある。「한테」は会話の中でよく使わ

第 12 課　学校の近くに住んでいます

れている。目上の人には「께」を使う。

人・動物に用いる「〜から」には、「-에게서 / 한테서」がある。

※注意「께서」は、「〜が」という助詞の丁寧体で、目上の人に使う。

⑤ 친구에게 전화합니다. (友だちに電話をしています。)
　　선생님께 편지를 보냅니다. (先生に手紙を送ります。)
⑥ 친구에게서 받았어요. (友だちからもらいました。)
　　선생님께서 주셨어요. (先生がくださいました。)

※注意　「〜に」は、助詞の後に「は」「も」のような助詞を組み合わせ、「〜には」「〜にも」のように使うことができる。 例) 집에는 아무도 없습니다. (家には誰もいません。)

■絵で学ぶ単語■　⑦　場所　　　　　　　　　　　CD-55

학교 学校	집 家	가게 店	서점 書店	도서관 図書館	식당 食堂
화장실 トイレ	역 駅	우체국 郵便局	은행 銀行	시장 市場	회사 会社
카페 カフェ	병원 病院	공항 空港	공원 公園	미용실 美容室	찜질방 サウナ
호텔 ホテル	박물관 博物館	극장 映画館	수영장 プール	주차장 駐車場	운동장 運動場
아파트 アパート	PC방 ネットカフェ	노래방 カラオケ	편의점 コンビニ	백화점 デパート	세탁소 クリーニング店

第１３課　누나랑 같이 영화를 봐요.

CD-56

리에: **어디에 가세요?**

수호: **신촌에 가요.**

리에: **친구를 만나요?**

수호: **아뇨, 누나랑 같이 영화를 봐요.**

리에: **저녁에는 뭐 해요?**

수호: **친구랑 생일 파티를 해요.**

＜第13課　姉と一緒に映画を観るのです＞	＜語句＞
りえ：どこに行かれるのですか。	신촌：シンチョン（ソウルの地名）
スホ：シンチョンに行くのです。	-를 만나요：～に会います
りえ：友だちに会うのですか。	-랑 같이：～と一緒に
スホ：いいえ。姉と一緒に映画を観るのです。	영화：映画　　봐요：観ます
りえ：夕方は何をしますか。	저녁：夕方　　해요(?)：します（か）
スホ：友だちと誕生日会をするのです。	생일：誕生日　　파티：パーティー

13-1) 用言＋ます（か）／です（か）　Ⅰ　＜요체＞

「요체」は、動詞と形容詞の語幹に付き、「動詞＋ます」、「形容詞＋です」の意味になる。語幹の母音の形によって、陽母音（ㅏ, ㅗ, ㅑ, ㅘ）、陰母音（その他）と区別される。このテキストでは、「닫아요」のように文末語尾が「요」であるものを「요체」、「갑니다」のように「니다」であるものを「니다체」ということにする。

「니다체」がかしこまった言い方なのに対して、「요체」は打ち解けた丁寧な言い方である。

① （ㅏ・ㅗ・ㅑ・ㅘ） 陽母音語幹＋	아＋요	動詞の語幹＋ます
② 陰母音語幹＋	어＋요	形容詞の語幹＋です
③ 하다 用言　→　하　＋	여＋요 → 해요	

13-1-1)　基本活用

意味	語幹	語尾	
閉める	닫 ㉺	다　（基本形）	닫다
閉めます		아＋요　（丁寧形）	닫아요
閉めますか		아＋요?　（丁寧形）	닫아요?
開ける	열 ㉭	다　（基本形）	열다
開けます		어＋요　（丁寧形）	열어요
開けますか		어＋요?　（丁寧形）	열어요?

① 어디에 살아요? - 도쿄에 살아요. （どこに住んでいますか。東京に住んでいます。）
② 약속 있어요?　- 아뇨, 없어요. （約束はありますか。いいえ、ありません。）

◆練習◆ 表を完成させよう。

좋다　よい・いい	좋아요?	좋아요.
맛있다　おいしい		
알다　分かる・知る		
먹다　食べる		
싫다　いやだ		
괜찮다　大丈夫だ		
멋있다　かっこいい		
재미있다　面白い		

13-1-2) 縮約 1

（ㅏ）語幹 ＋	아（脱落）＋ 요
（ㅓ・ㅕ・ㅐ・ㅔ）語幹 ＋	어（脱落）＋ 요

意味	語幹	語尾	
買います・買っています	사	아（脱落）＋ 요	사요
立ちます・止まります	서	어（脱落）＋ 요	서요
送ります・送っています	보내		보내요

13-1-3) 縮約 2

（ㅗ）語幹 ＋	아 → ㅘ ＋ 요
（ㅜ）語幹 ＋	어 → ㅝ ＋ 요
（ㅣ）語幹 ＋	어 → ㅕ ＋ 요

意味	語幹	語尾	
来ます	오	아 ＋ 요	(오아)요 → 와요
学びます・習います	배우	어 ＋ 요	배(우어)요 → 배워요
待ちます	기다리		기다(리어)요 → 기다려요

※注意

意味	語幹	語尾	
なります・OK です	되	어 ＋ 요	(되어)요 → 돼요

① 보다 → 텔레비전을 봐요. (テレビを観ています。)
② 배우다 → 한국어를 배워요. (韓国語を習っています。)

◆練習◆ 表を完成させよう。

가다 行く	가요?	가요.
자다 寝る		
지내다 過ごす		
보다 見る		
주다 あげる・もらう		
나오다 出る		
내리다 降る・降りる		
가르치다 教える		

13-1-4) 「하다」用言の活用

意味	語幹	語尾	
勉強する	공부하	다　（基本形）	공부하다
勉強します・勉強しています	공부해	요　（丁寧形）	공부해요

☞「하다」で終わる用言の場合、語幹「하」は「해」に変わって「요」が付く。

① 무슨 공부해요?（何の勉強をしていますか。）
② 문학을 공부해요.（文学を勉強しています。）

◆練習◆ 表を完成させよう。

일하다	働く・仕事する	일해요?	일해요.
아르바이트하다	アルバイトをする		
이야기하다	話す		
숙제하다	宿題をする		
연습하다	練習をする		
운동하다	運動をする		
좋아하다	好きだ		
잘하다	上手だ		
못하다	下手だ		
잘 못하다	まあまあできる		

13-2) 「～です（か）」＜요体＞

　「-요（?）」は、体言（名詞・代名詞・数詞）や、副詞、助詞、語尾などに付き、表現を丁寧にする働きである。「요」を落とすと丁寧さはなくなるが、文としては完全な形で残る。

例) 아니요.（아니. いいえ。）
　　정말로요?（정말로? 本当ですか。）
　　이거요?（이거? これですか。）
　　학교에요?（학교에? 学校にですか。）
　　리에 씨는요?（리에 씨는? りえさんは（どうですか）。）

■絵で学ぶ単語■　⑧　私の部屋　　　　　　　　　　CD-57

```
① 그림 (絵)    ② 달력 (カレンダー)   ③ 커튼 (カーテン)   ④ 창문 (窓)
⑤ 옷장 (タンス)  ⑥ 냉장고 (冷蔵庫)   ⑦ 텔레비전 (テレビ)  ⑧ 비디오 (ビデオ)
⑨ 노트북 (ノートパソコン)  ⑩ 만화 (漫画)   ⑪ 리모콘 (リモコン)
⑫ 테이블 (テーブル)  ⑬ 거울 (鏡)   ⑭ 소파 (ソファ)   ⑮ 책상 (机)
⑯ 전화 (電話)   ⑰ 의자 (椅子)   ⑱ 침대 (ベッド)   ⑲ 자명종 (目覚まし時計)
⑳ 책장 (本棚)   ㉑ 신문 (新聞)   ㉒ 잡지 (雑誌)
```

■ よく使われる副詞語 ■　　　　　　　　　　　　CD-58

많이	아주	참	너무	다	모두	좀(조금)	더
たくさん	とても	とても	あまりにも	すべて	みんな	ちょっと	もっと
늘	항상	언제나	잘	자주	때때로	가끔	전혀
いつも	いつも	いつも	よく	しばしば	時々	たまに	全然
거의	먼저	또	다시	아직	빨리	일찍	어서
ほとんど	先に	また	再び	まだ	速く	早く	急いで
제일	정말	열심히	오래	잠깐	천천히	나중에	보통
いちばん	本当(に)	熱心に	長く	しばらく	ゆっくり	後で	普通

第13課　姉と一緒に映画を観るのです

■絵で学ぶ単語■　⑨　干支　　　　　　　　　　　　　　CD-59

쥐　　　소　　　범(호랑이)　　토끼　　　용　　　뱀

A) 무슨 띠예요?（何年(なにどし)ですか。）
B) ○○띠예요.（○○年です。）

말　　　양　　　원숭이　　　닭　　　개　　　돼지

| ① 쥐 鼠 | ② 소 牛 | ③ 범(호랑이) 虎 | ④ 토끼 兎 | ⑤ 용 龍 | ⑥ 뱀 蛇 |
| ⑦ 말 馬 | ⑧ 양 羊 | ⑨ 원숭이 猿 | ⑩ 닭 鳥 | ⑪ 개 犬 | ⑫ 돼지 猪 |

　韓国にも日本と似ている干支があるが、いのししに当たるものは豚である。韓国では豚は縁起が良いものとされている。豚の夢を見ると良い事が起きるとも言われ、宝くじを買う人もいる。また韓国では、お見合い結婚のときには2人の相性をみるために干支・誕生日・生まれた時間などを持って占い師に聞きに行く人もいる。日本では、血液型や星座をよく聞いたりするが、韓国では血液型や星座は日本ほど気にしない傾向がある。

第１４課　어떤 계절 좋아해요?

수호 : 어떤 계절 좋아해요?

리에 : 봄을 좋아해요. 수호 씨는요?

수호 : 저도 봄을 좋아해요. 봄은 참 따뜻해요.

리에 : 한국은 겨울에 추워요?

수호 : 네, 아주 추워요. 눈도 많이 와요.

＜第14課　どんな季節が好きですか＞	＜語句＞	
スホ：どんな季節が好きですか。	어떤：どんな	계절：季節
りえ：春が好きです。スホさんは？	좋아해요?：好きですか	봄：春
スホ：僕も春が好きです。春はとても暖かいです。	-는요?：〜は（どうですか）	-도：〜も
りえ：韓国では冬は寒いですか。	참／아주：とても	많이：たくさん
スホ：ええ。とても寒いです。雪もたくさん降ります。	따뜻해요：暖かいです	
	추워요(?)：寒いです（か）	

14-1) 名詞＋が好きです

「～が好きです」の場合、韓国語は「-를/을 좋아해요」となることに注意しよう。「-가/이 좋아요」も「～が好きです」の意味であり、「～がよいです」の意味も含まれている。「좋아하다」は動詞で、「좋다」は形容詞である。

① パッチm無 名詞＋	를 좋아해요 / 가 좋아요	名詞＋が好きです
② パッチm有 名詞＋	을 좋아해요 / 이 좋아요 （連音化）	

① 어떤 음식을 좋아해요? （どんな食べ物が好きですか。）
② 저는 팥빙수를 좋아해요. （私はかき氷が好きです。）

▶ 名詞＋が嫌いです

「～が嫌いです」の場合は、「-를/을 싫어해요」となる。「-가/이 싫어요」も「～が嫌いです」を表すが、「～がいやです」の意味も含まれている。「싫어하다」は動詞で、「싫다」は形容詞である。

① パッチm無 名詞＋	를 싫어해요 / 가 싫어요	名詞＋が嫌いです
② パッチm有 名詞＋	을 싫어해요 / 이 싫어요 （連音化）	

① 뭐가 싫어요? （何が嫌いですか。） ② 바퀴벌레가 싫어요. （ゴキブリが嫌いです。）

14-2) 名詞＋も

名詞 ＋도	名詞 ＋も

☞名詞に付き、添加の意を表す。助詞一覧は85ページにある。

① 냉면을 좋아해요. 그리고 사과도 좋아해요. （冷麺が好きです。そしてリンゴも好きです。）

14-3) 用言＋ます（か）／です（か） Ⅱ ＜요체＞

「요체」の不規則活用には、以下のようなものがある。

14-3-1) 「ㅂ」不規則

① ㅂ パッチm 陽母音語幹（ㅂ 脱落）＋	와요	用言の語幹＋ます／です
② ㅂ パッチm 陰母音語幹（ㅂ 脱落）＋	워요	

☞パッチm「ㅂ」の形容詞の場合、すべて「워요」が付く。

① 돕다 → 어머니를 도와요. (お母さんを手伝います。)
② 춥다 → 겨울은 추워요. (冬は寒いです。)

◆練習◆ 表を完成させよう。

돕다 手伝う	도와요?	도와요.
덥다 暑い		
맵다 辛い		
쉽다 易しい		
어렵다 難しい		
고맙다 ありがたい		

14-3-2) 「으」不規則

① 으 母音語幹 陽母音語幹 （一脱落）＋	ㅏ요	用言の語幹＋ます／です
② 으 母音語幹 陰母音語幹 （一脱落）＋	ㅓ요	

☞「으」の前の文字の母音で、陽・陰を判断する。

① 바쁘다 → 내일 바빠요? (明日は忙しいですか。)
② 쓰다 → 컴퓨터를 써요. (パソコンを使います。)

◆練習◆ 表を完成させよう。

바쁘다 忙しい	바빠요?	바빠요.
기쁘다 嬉しい		
아프다 痛い		
예쁘다 きれいだ		
슬프다 悲しい		
크다 大きい		

14-3-3) 「르」不規則

① 르 語幹 陽母音語幹 （르脱落）＋	ㄹ라요	用言の語幹＋ます／です
② 르 語幹 陰母音語幹 （르脱落）＋	ㄹ러요	

☞「르」の前の文字の母音で、陽・陰を判断する。

① 빠르다 → 신칸센은 빨라요. (新幹線は速いです。)
② 기르다 → 애완 동물을 길러요. (ペットを飼っています。)

14-3-4) 「ㅅ」不規則

① ㅅ パッチm語幹　陽母音語幹（ㅅ脱落）+	아요	用言の語幹＋ます／です
② ㅅ パッチm語幹　陰母音語幹（ㅅ脱落）+	어요	

① 낫다　→　병이 나아요.（病気が治ります。）
② 짓다　→　집을 지어요.（家を建てます。）

14-3-5) 「ㄷ」不規則

ㄷ パッチm語幹（ㄷ脱落　→　ㄹ添加）+	어요	動詞の語幹＋ます

① 걷다　→　공원을 걸어요.（公園を歩きます。）
② 듣다　→　음악을 들어요.（音楽を聴きます。）

■ 疑問を表すことば ■　　CD-61

疑問を表すことば		例　文	
何	뭐 (무엇の縮約形)	이거 뭐예요? (이것은 무엇입니까?)	これは何ですか。
いつ	언제	언제 공부해요?	いつ勉強しますか。
どこ	어디	어디(에) 가세요?	どこ（に）行かれますか
誰	누구	누구랑 가세요?	誰と行かれますか。
誰が	누가	누가 오세요?	誰が来られますか。
どうやって	어떻게	어떻게 먹어요?	どうやって食べますか。
いくつの (数を問う)	몇	몇 개예요? 몇 분이세요?	何個ですか。 何名様ですか。
何の	무슨	무슨 책 읽어요?	何の本を読んでいますか。
どんな	어떤	어떤 노래 좋아해요?	どんな歌が好きですか。
なぜ	왜	왜요?	なぜですか。
いくら	얼마	얼마예요?	いくらですか。
どれほど どれくらい	얼마나	얼마나 걸려요?（時間） 얼마나 들어요?（費用）	どれほどかかりますか。 どれほどかかりますか。
どの～	어느	어느 식당에 가요?	どの食堂に行きますか。

第１５課　이거 얼마예요?

CD-62

리에: 이 사과는 얼마예요?

점원: 한 개에 오백원입니다.

리에: 저 귤은 얼마예요?

점원: 다섯 개에 천 원입니다.

리에: 그럼, 사과 두 개하고 귤 열 개 주세요.

점원: 감사합니다.

＜第15課　これはおいくらですか＞	＜語句＞	
りえ：このリンゴはおいくらですか。	이-：この～	사과：リンゴ
店員：1個500ウォンです。	한 개：1個	오백：500
りえ：あのミカンはおいくらですか。	저-：あの～	귤：ミカン
店員：5個で1,000ウォンです。	두 개：2個	천：1,000
りえ：では、リンゴ2個とミカン10個ください。	다섯 개：5個	열 개：10個
店員：ありがとうございます。	그럼(그러면의 縮約形)：では	

第15課　これはおいくらですか

15-1) 指示詞

日本語の「この～」、「あの～」などに対応する表現。話し手の近くにあるものは「이-」、聞き手に近いものは「그-」、話し手からも聞き手からも遠いものには「저-」を用いる。
「どの～」は「어느-」を用いるが、「どの人」の場合には「누구」となる。

	～の	～れ	～の人	～こ(場所)	～れが	～れは	～れを
こ	이	이것 → 이거	이 사람	여기	이게	이건	이걸
そあ	그	그것 → 그거	그 사람	거기	그게	그건	그걸
	저	저것 → 저거	저 사람	저기	저게	저건	저걸
ど	어느	어느 것 → 어느 거	누구	어디	어느 게	어느 건	어느 걸

① 화장실이 어디예요? (トイレはどこですか。)　—— 저기예요. (あそこです。)
② 이건 좀 비싸요. (これは少し高いです。)　③ 저게 좋아요. (あれがいいです。)

15-2) 固有語数詞　CD-63

一つ	二つ	三つ	四つ	五つ	六つ	七つ	八つ	九つ	十
하나	둘	셋	넷	다섯	여섯	일곱	여덟	아홉	열
20	30	40	50	60	70	80	90	99	100
스물	서른	마흔	쉰	예순	일흔	여든	아흔	아흔아홉	백

☞固有語数詞は、個数・枚数・時間などに使い、1～99まである。100以上は、백, 천, 만…と漢字語数詞で数える。

■ 助数詞が付くと形が変わる固有語数詞 ■

하나 → 한　　둘 → 두　　셋 → 세　　넷 → 네　　스물 → 스무
(一つ)　　　(二つ)　　　(三つ)　　(四つ)　　　　(20)

■ 固有語数詞を用いる助数詞 ■

시 (時)	시간 (時間)	개 (個)	잔 (杯)	살 (歳)	번 (回・度)
사람 (人)	명 (名)	분 (方)	장 (枚)	권 (冊)	마리 (匹)

① 지금은 네 시 십오 분이에요. (今は4時15分です。)
② 저는 스물 두 살이에요. (私は22歳です。)

◆練習◆ 次の文を完成させ、言ってみよう。
1) 몇 분이세요? (何名様でしょうか。)
2) ＿＿＿＿＿＿＿이에요. (2人です。)

15-3) 動詞＋てください

① パッチm無 語幹 ＋	세요	動詞の語幹＋てください
② パッチm有 語幹 ＋	으세요（連音化）	

☛丁寧な命令を表す。パッチmのない動詞には「세요」が、パッチmのある動詞には「으세요」が付く。

① 가다　가 ＋ 세요　→　먼저 가세요.（先に行ってください。）
② 앉다　앉 ＋ 으세요　→　이쪽으로 앉으세요.（こちらに座ってください。）

▶ パッチmが「ㄹ」の場合

意味	語幹	語尾	
作る	만들 → 만드	다	만들다
作ってください		세요	만드세요

☛パッチmが「ㄹ」の場合、「ㄹ」を取ってから「세요」を付ける。

① 팔다　팔 → 파 ＋ 세요　→　좀 싸게 파세요.（少し安く売ってください。）

◆練習◆ 次の文を完成させ、言ってみよう。
1) 칠십 페이지를 ＿＿＿＿＿＿＿＿＿＿. （펴다）（70 ページを開いてください。）
2) 커피를 한 잔 ＿＿＿＿＿＿＿＿＿＿. （주다）（コーヒーを一杯ください。）
3) 오늘도 많이 ＿＿＿＿＿＿＿＿＿＿. （웃다）（今日もたくさん笑ってください。）

■韓国の行事（四大節句）■

古くから受け継がれている風習で、陰暦で行われる。お供え物を作って祖先にチャレ【茶礼】を挙げる。
① 설날（ソルラル）陰暦 1 月 1 日。この日一斉に年を取る。大晦日は家の隅々まで明かりをつけて寝ずに過ごす。眠ってしまうと（年を取ってしまい）まゆ毛が白くなると言われている。
② 한식（ハンシk【寒食】冬至から 105 日目）：この日は火を使わない冷たい食物を食べる。
③ 단오（タノ【端午】5 月 5 日）：女性はチャンポ（菖蒲）湯で髪の毛を洗い、クネ（ブランコ）に乗って遊ぶ。男性はシルム（韓国式の相撲）を楽しむ。
④ 추석（チュソk【秋夕】）：陰暦 8 月 15 日の満月の日のことで、日本のお盆のような行事。

第15課　これはおいくらですか

■絵で学ぶ単語■　⑩　食べ物・飲み物　　CD-64

밥 ご飯	국 汁	빵 パン	과자 お菓子	과일 果物	채소 野菜
라면 ラーメン	우동 うどん	음료수 飲み物	커피 コーヒー	주스 ジュース	홍차 紅茶
우롱차 ウーロン茶	우유 牛乳	콜라 コーラ	맥주 ビール	소주 焼酎	물 水
음식 食べ物	불고기 焼肉	김밥 のり巻き	죽 お粥	떡국 トック	나물 ナムル
김치찌개 キムチチゲ	된장찌개 味噌チゲ	비빔밥 ビビンバ	삼계탕 サンゲタン	떡볶이 トッポッキ	팥빙수 かき氷

役立つ表現 Ⅴ　　CD-65

다녀 왔습니다.　어서 와요.
ただいま。　お帰りなさい。

물수건 좀 주세요.　여기 있습니다.
おしぼりをください。　はい、どうぞ。

어떻게 지내세요?　잘 지내요.
お元気ですか。　元気です。

第１６課　몇 시에 일어나세요?

CD-66

수호 : **아침 몇 시에 일어나세요?**

리에 : **보통 6시에 일어나요.**

수호 : **매일 학교에 가세요?**

리에 : **오늘은 안 가요.**

수호 : **수업은 많아요?**

리에 : **지금은 많지 않아요.**

＜第16課　何時に起きますか＞	＜語句＞	
スホ：朝何時に起きますか。	아침：朝	보통：普通
りえ：普通、6時に起きます。	일어나다：起きる	매일：毎日
スホ：毎日、学校に行きますか。	오늘：今日	수업：授業
りえ：今日は行きません。	많다：多い	지금：今
りえ：授業は多いですか。	안-：～ません（前置形否定）	
スホ：今は多くありません。	-지 않아요：～ません（後置形否定）	

第16課　何時に起きますか

用言＋しません／くありません

用言の語幹　＋　지 않아요	動詞＋しません
	形容詞＋くありません

☞用言（指定詞を除く）の語幹に付き、否定を表す。後置形否定。

① 가다　　가 ＋ 지 않아요　→　가지 않아요.（行きません。）
② 먹다　　먹 ＋ 지 않아요　→　먹지 않아요.（食べません。）
③ 덥다　　덥 ＋ 지 않아요　→　덥지 않아요.（暑くありません。）

안　＋　用言	動詞＋しません
	形容詞＋くありません

☞用言（指定詞を除く）の前に付き、否定を表す。前置形否定。

① 가다　　안 ＋ 가요　→　안 가요.（行きません。）
② 먹다　　안 ＋ 먹어요　→　안 먹어요.（食べません。）
③ 춥다　　안 ＋ 추워요　→　안 추워요.（寒くありません。）

◆練習◆　表を完成させよう。

오다	来る	오지 않아요.	안 와요.
배우다	習う・学ぶ		
달다	甘い		
비싸다	(値段が)高い		
좋다	よい・いい		
맵다	辛い		

■ 時間 ■

□시／□분	□時／□分

☞時間の場合、固有語数詞＋時／時間、漢字語数詞＋分／秒になることに注意しよう。

① 한 시 십 분　（1時10分）　　② 두 시 이십 분　（2時20分）
③ 열 시 오 분　（10時5分）　　④ 여섯 시 정각　（6時ちょうど）
⑤ 오전 아홉 시　（午前9時）　　⑥ 열한 시간 반　（11時間半）

오전(午前), 오후(午後), 전(前), 후(後), 정각(ちょうど), 반(半), 쯤／경(頃), 시간(時間)

■絵で学ぶ単語■　⑪　学校関係

수업 授業	공부 勉強	숙제 宿題	출석 出席	결석 欠席
교실 教室	기숙사 寮	시험 試験	리포트 レポート	성적표 成績表
시간표 時間割	신학기 新学期	휴일 休み	동아리 サークル	학비 授業料
입학식 入学式	졸업식 卒業式	휴학 休学	장학금 奬学金	운동회 運動会

役立つ表現 VI

잘 주무셨어요?　네, 푹 잤어요.
よく眠れましたか。　ぐっすり寝ました。

신세 많이 졌습니다.　또 놀러 오세요.
お世話になりました。また遊びに来てください。

늦어서 죄송합니다.　신경 쓰지 마세요.
遅れてすみません。　気にしないでください。

第16課　何時に起きますか

■絵で学ぶ単語■　⑫　身の回りのもの　　　　　　　　　CD-69

```
┌─────────────────────────────────────────────────────────────┐
│ ① 우산 (傘)　② 가방 (カバン)　③ 모자 (帽子)　④ 사진 (写真)　⑤ 시계 (時計) │
│ ⑥ 책 (本)　⑦ 사전 (辞書)　⑧ 핸드폰 (携帯電話)　⑨ 안경 (メガネ)           │
│ ⑩ 교과서 (テキスト)　⑪ 수첩 (手帳)　⑫ 도시락 (弁当)　⑬ 열쇠 (鍵)         │
│ ⑭ 지갑 (財布)　⑮ 돈 (お金)　⑯ 장갑 (手袋)　⑰ 통장 (通帳)　⑱ 카메라 (カメラ) │
│ ⑲ 휴지 (ティッシュ)　⑳ 손수건 (ハンカチ)　㉑ 필통 (筆箱)　㉒ 볼펜 (ボールペン) │
│ ㉓ 지우개 (消しゴム)　㉔ 노트 (ノート)　㉕ 연필 (鉛筆)                      │
└─────────────────────────────────────────────────────────────┘
```

第17課　맵지만 맛있어요.

리에: 김치찌개는 맵지 않아요?

수호: 맵지 않고 맛있어요.

리에: 떡볶이도 안 매워요?

수호: 떡볶이는 좀 맵지만 좋아해요.

리에: 호떡은 어때요?

수호: 호떡은 아주 달고 맛있어요.

＜第17課　辛いけれど、おいしいです＞	＜語句＞	
りえ：キムチチゲは辛くないのですか。	김치찌개：キムチチゲ	
スホ：辛くないしおいしいです。	맛있다：おいしい	-고：〜くて、て
りえ：トッポッキも辛くないのですか。	좀：少し、ちょっと	-지만：〜けれども
スホ：トッポッキは少し辛いけれど好きです。	떡볶이：トッポッキ	아주：とても
りえ：ホットックはどうですか。	호떡：ホットック	달다：甘い
スホ：ホットックはとても甘くておいしいです。	어때요？：どうですか	

第17課　辛いけど、おいしいです

17-1) 用言＋て／くて／で

用言の語幹 ＋ 고	用言＋て／くて／で

☛用言の語幹に付き、順接を表す。④⑤のように否定形を羅列することもできる。

① 먹다　　　　먹 ＋ 고　→　먹고（食べて）
② 덥다　　　　덥 ＋ 고　→　덥고（暑くて）
③ 학생이다　　학생이 ＋ 고　→　학생이고（学生で）
④ 안 먹다　　　안 먹 ＋ 고　→　안 먹고（食べずに）
⑤ 먹지 않다　　먹지 않 ＋ 고　→　먹지 않고（食べずに）

17-2) 用言＋が／けれども

用言の語幹 ＋ 지만	用言＋が／けれども

☛用言の語幹に付き、逆接を表す。

① 가다　　　　가 ＋ 지만　→　가지만（行くけど）
② 춥다　　　　춥 ＋ 지만　→　춥지만（寒いけど）
③ 학생이다　　학생이 ＋ 지만　→　학생이지만（学生であるが）

※注意　次の例のように、導入の意味になる場合もある。
　　　　실례지만 이름이 뭐예요?（失礼ですが、名前は何ですか。）

◆練習◆　次の文を完成させ、言ってみよう。
1) 미리는 예쁘_____ 착해요.（ミリはきれいで優しいです。）【미리：人名】
2) 일은 힘들_____ 재미있어요.（仕事は大変だけど、楽しいです。）
3) 누나는 회사에 가_____ 저는 학교에 가요.（姉は会社に行って私は学校に行きます。）
4) 바람은 불_____ 비는 안 내려요.（風は吹きますが、雨は降りません。）
5) 어머니는 주부이_____ 아버지는 회사원이에요.（母は主婦で父は会社員です。）

17-3) 名詞＋より

名詞 ＋ 보다	名詞＋より

☛名詞に付き、比較を表す。

① 우동보다 라면을 잘 먹어요.（うどんよりラーメンをよく食べます。）
② 겨울보다 봄이 좋아요.（冬より春が好きです。）

■絵で学ぶ単語■ ⑬ 一日の行動　　CD-71

① 일어나다 (起きる)　② 세수하다 (洗顔する)　③ 입다 (着る)　④ 공부하다 (勉強する)
⑤ 일하다 (仕事する)　⑥ 운전하다 (運転する)　⑦ 운동하다 (運動する)
⑧ 전화하다 (電話する)　⑨ 사다 (買う)　⑩ 기다리다 (待つ)　⑪ 쉬다 (休む)
⑫ 돌아가다 (帰る)　⑬ 씻다 (洗う)　⑭ 목욕하다 (風呂に入る)　⑮ 자다 (寝る)

第17課　辛いけど、おいしいです

■絵で学ぶ単語■　⑭　体の名称　　　　　　　　　　CD-72

① 몸　　体
② 얼굴　顔
③ 머리　頭
④ 눈　　目
⑤ 코　　鼻
⑥ 입　　口
⑦ 귀　　耳

⑧ 목　　首・喉
⑨ 팔　　腕
⑩ 손　　手
⑪ 가슴　胸
⑫ 배　　腹
⑬ 허리　腰
⑭ 다리　脚
⑮ 발　　足

第１８課　어제 뭐 했어요?

CD-73

리에: **어제 뭐 했어요?**

수호: **일본 영화를 봤어요.**

리에: **일본 영화는 어땠어요?**

수호: **아주 재미있었어요.**

리에: **극장에서 봤어요?**

수호: **아뇨, 집에서 봤어요.**

<第18課　昨日何をしましたか>	<語句>	
りえ：昨日何をしましたか。	어제：昨日	영화：映画
スホ：日本映画を観ました。	뭐(무엇の省略形)：何	－를：～を
りえ：日本映画はどうでしたか。	어땠어요?：どうでしたか	아주：とても
スホ：とても面白かったです。	재미：面白いこと	있었어요：ありました
りえ：映画館で観ましたか。	극장：映画館	에서：～で
スホ：いいえ。家で観ました。	봤어요(?)：観ました(か)	집：家

第18課　昨日は何をしましたか

18-1) 名詞 ＋まで／までに

名詞 ＋ 까지	名詞 ＋まで／までに

공항까지 어떻게 가요? (空港までどうやって行くんですか。)、오늘까지 (今日まで（に）)

18-2) 場所名詞 ＋で／から、 時間名詞 ＋から

名詞（場所）＋ 에서	名詞（場所）＋で

여자 친구랑 극장에서 영화를 봐요. (ガールフレンドと映画館で映画を観ます。)

名詞（場所）＋ 에서	名詞（場所）＋から

집에서 대학교까지 30분 걸립니다. (家から大学まで30分かかります。)

名詞（時間）＋ 부터	名詞（時間）＋から

한 시부터 (1時から)、야마다 씨부터 (山田さんから〈順番に〉☞ 順序を表すとき)

◆練習◆　次の文を完成させ、言ってみよう。
　아침＿＿＿ 저녁＿＿＿ 편의점＿＿＿ 일해요. (朝から夕方までコンビニで働きます。)

18-3) 用言 ＋しました／でした　＜過去　Ⅰ＞

① (ㅏ・ㅗ・ㅑ・ㅘ) 陽母音語幹＋	았＋어요／습니다	
② 陰母音語幹＋	었＋어요／습니다	用言の語幹＋ました／でした
③ 하다 → 해 ＋	ㅆ＋어요／습니다	

18-3-1) 基本活用

意味	語幹	過去	語尾	
閉める	닫㊐		다　（基本形）	닫다
閉めた		았	다　（基本形）	닫았다
閉めました			어요　（丁寧形）	닫았어요
			습니다（丁寧形）	닫았습니다
開ける	열㊃		다　（基本形）	열다
開けた		었	다　（基本形）	열었다
開けました			어요　（丁寧形）	열었어요
			습니다（丁寧形）	열었습니다

① 문을 닫았어요. (ドアを閉めました。)　② 창문을 열었어요. (窓を開けました。)

18-3-2) 縮約形 1

意味	語幹	語尾	
買いました	사	았 (아脱落) + 어요	사 + 았 → 샀어요
止まりました	서	었 (어脱落) + 어요	서 + 었 → 섰어요
送りました	보내		보내 + 었 → 보냈어요

① 시장에 갔어요. (市場に行きました。) ② 사과를 샀어요. (リンゴを買いました。)

18-3-3) 縮約形 2

意味	語幹	語尾	
来ました	오	았 + 어요	(오았)어요 → 왔어요
待ちました	기다리	었 + 어요	기다(리었)어요 → 기다렸어요
学びました・習いました	배우	었 + 어요	배(우었)어요 → 배웠어요

① 친구가 왔어요. (友だちが来ました。) ② 전화를 기다렸어요. (電話を待ちました。)

18-3-4) 縮約形 3

意味	語幹	語尾	
なりました・OKでした	되	었 + 어요	(되었)어요 = 됐어요

18-3-5) 「하다」用言の活用

意味	語幹	語尾	
勉強する	공부하 ↓ 공부했	다 (基本形)	공부하다
勉強した		다 (基本形)	공부했다
勉強しました		어요 (丁寧形)	공부했어요
		습니다 (丁寧形)	공부했습니다

① 뭐 했어요? (何をしましたか。) ② 도서관에서 공부했어요. (図書館で勉強しました。)

◆練習◆ 次の文を完成させ、言ってみよう。
1) お茶を飲んで新聞を読みました。(차,마시다,신문,읽다) _____
2) テレビを見て寝ました。(텔레비전,보다,자다) _____
3) 週末は洗濯をして掃除をしました。(주말,빨래하다,청소하다) _____
4) 大学を卒業して就職しました。(대학교,졸업하다,취직하다) _____

18-4)　名詞 ＋ でした　＜過去　Ⅱ＞

① パッチm無 名詞 ＋	였 ＋ 어요		名詞＋でした
② パッチm有 名詞 ＋	이었 ＋ 어요		

意味	語幹	語尾	
歌手でした	가수 ＋(이	＋ 었) → 였＋ 어요	가수였어요
学生でした	학생 ＋ 이	＋ 었＋ 어요	학생이었어요

① 아버지는 요리사였어요.（お父さんは調理師でした。）
② 어제는 제 생일이었어요.（昨日は私の誕生日でした。）
③ 시험은 지난 주 금요일이었어요.（試験は先週の金曜日でした。）

※注意　[ㅂ][ㄷ][ㅅ][으][르] 不規則活用は、「-아요／어요」のときの活用と同様である。
　① 어제는 추웠어요.（←춥다）　（昨日は寒かったです。）
　② 음악을 들었어요.（←듣다）　（音楽を聴きました。）
　③ 감기가 나았어요.（←낫다）　（風邪が治りました。）
　④ 너무 기뻤어요.（←기쁘다）　（とても嬉しかったです。）
　⑤ 머리를 잘랐어요.（←자르다）（髪を切りました（カットしました）。）

■絵で学ぶ単語■　⑮　乗り物　　　　　　　　　CD-74

자전거 自転車	자동차 自動車	버스 バス	택시 タクシー	비행기 飛行機
지하철 地下鉄	전철 電車	기차 汽車	배 船	훼리 フェリー
고속철도(KTX) 高速鉄道	신칸센 新幹線	헬리콥터 ヘリコプター	오토바이 オートバイ	유람선 遊覧船

第19課 냉면을 먹고 싶어요.

수호: 한국 음식은 좋아하세요?

리에: 조금 맵지만 아주 좋아해요.

수호: 그럼, 같이 저녁 먹으러 갈까요?

리에: 네, 좋아요. 냉면을 먹고 싶어요.

수호: 저도 냉면을 먹겠어요. 어서 갑시다.

＜第19課　冷麺が食べたいです＞	＜語句＞
スホ：韓国料理は好きですか。 りえ：少し辛いけれど、とても好きです。 スホ：では、一緒に晩ご飯を食べに行きましょうか。 りえ：ええ、いいですよ。冷麺が食べたいです。 スホ：僕も冷麺を食べます。さ、行きましょう。	같이：一緒に　　저녁：晩ご飯 -으러 가다：～しに行く -ㄹ까요?：～しましょうか -고 싶다：～したい　-겠-：意志を表す 냉면：冷麺　　-ㅂ시다：～しましょう

第19課　冷麺が食べたいです

19-1) 動詞＋したいです

動詞の語幹 ＋ 고 싶어요	動詞の語幹＋したいです
動詞の語幹 ＋ 고 싶어해요	動詞の語幹＋したがります

☞動詞の語幹に付き、希望を表す。3人称の希望は「고 싶어해요」で表す。

① 가다　가 ＋ 고 싶어요　→　가고 싶어요.（行きたいです。）
② 먹다　먹 ＋ 고 싶어해요　→　먹고 싶어해요.（食べたがります。）

◆練習◆　次の文を完成させ、言ってみよう。
　1) 책을 ＿＿＿＿＿＿＿＿＿＿.（읽다）（本が読みたいです。）
　2) 민수는 ＿＿＿＿＿＿＿＿＿.（여행하다）（ミンスは旅行をしたがります。）【민수:人名】

19-2) 用言＋します／でしょう

用言の語幹 ＋ 겠어요	動詞の語幹＋します
	形容詞の語幹＋でしょう

☞動詞に付く場合、強い意志を表す。存在詞、3人称や自然現象の場合には、話者の判断を表す。

① 가다　　가 ＋ 겠어요　→　지금 가겠어요.（今行きます。）
② 내리다　내리 ＋ 겠어요　→　비가 내리겠어요.（雨が降るでしょう。）

◆練習◆　次の文を完成させ、言ってみよう。
　1) 이따가 ＿＿＿＿＿＿＿.（먹다）（後で食べます。）
　2) 눈이 ＿＿＿＿＿＿＿.（오다）（雪が降るでしょう。）

19-3) 用言＋しましょうか／でしょうか

① パッチm無 語幹 ＋	ㄹ까요?	動詞の語幹＋しましょうか
② パッチm有 語幹 ＋	을까요?（連音化）	形容詞の語幹＋でしょうか

☞動詞に付く場合、勧誘を表す。存在詞、3人称や自然現象の場合には、話者の推測を表す。
　パッチmが「ㄹ」の場合、語幹そのものに「까요?」が付く。「만들다 → 만들＋까요?」

① 가다　가 ＋ ㄹ까요?　→　같이 갈까요?（一緒に行きましょうか。）
② 읽다　읽 ＋ 을까요?　→　책을 읽을까요?（本を読みましょうか。）
③ 멀다　멀 ＋ 까요?　→　서울은 얼마나 멀까요?
　　　　　　　　　　　　（ソウルはどれほど遠いでしょうか。）

◆練習◆　次の文を完成させ、言ってみよう。
1) 차 한잔 _____? （하다）（お茶一杯飲みましょうか。）
2) 창문을 _____? （닫다）（窓を閉めましょうか。）

19-4) 動詞＋しましょう

| ① パッチm無 語幹 ＋ | ㅂ시다 | 動詞の語幹＋しましょう |
| ② パッチm有 語幹 ＋ | 읍시다（連音化） | |

☞パッチmが「ㄹ」の場合、「ㄹ」が脱落し、「ㅂ시다」が付く。「만들다 → 만듭시다」

① 보다　　보 ＋ ㅂ시다 →　내일 영화 봅시다.（明日映画を観ましょう。）
② 먹다　　먹 ＋ 읍시다 →　점심 먹읍시다.（昼食を食べましょう。）

◆練習◆　次の文を完成させ、言ってみよう。
1) 열심히 _____.（공부하다）（一生懸命勉強しましょう。）
2) 책을 _____.（읽다）（本を読みましょう。）

19-5) 動詞＋しに行きます

| ① パッチm無 語幹 ＋ | 러 가요 | 動詞の語幹＋しに行きます |
| ② パッチm有 語幹 ＋ | 으러 가요（連音化） | |

☞パッチmが「ㄹ」の場合、語幹そのものに「가요」が付く。「만들다 → 만들러 가요」

① 하다　하＋　러 가다 → 아르바이트하러 가요.（アルバイトをしに行きます。）
② 먹다　먹＋ 으러 가다 → 저녁 먹으러 갈까요?（晩ご飯を食べに行きましょうか。）

◆練習◆　次の文を完成させ、言ってみよう。
1) 식당에 _____.（식사하다）（食堂へ食事に行きます。）
2) 약국에 약을 _____.（사다）（薬局へ薬を買いに行きます。）

19-6) 名詞＋で行きます

| ① パッチm無 名詞＋ | 로 가요 | 名詞＋で行きます（道具・手段） |
| ② パッチm有 名詞＋ | 으로 가요（連音化） | |

① 택시　＋　로 가다 →　택시로 가요.（タクシーで行きます。）
② 신칸센 ＋ 으로 가다 →　신칸센으로 가요.（新幹線で行きます。）

第19課　冷麺が食べたいです

■絵で学ぶ単語■　⑯　方向・位置　　　　　CD-76

＜方向＞

N 북쪽（北）
W 서쪽（西）
E 동쪽（東）
S 남쪽（南）

＜位置＞

① 왼쪽（左）
② 오른쪽（右）
③ 위（上）
④ 아래（下）
　 밑（物の下・底）
⑤ 안（中・内）
　 속（内側・奥）
⑥ 밖（外）
⑦ 앞（前）
⑧ 뒤（後ろ）
⑨ 가운데(真ん中)
⑩ 옆（横・側）
　 곁（側・脇）
⑪ 사이（間）
⑫ 맞은편（向かい側）
⑬ 건너편（向こう側）

☛方向・位置を表すことばの前は、「〜の」に当たる「의」は不要。
　・상자 위에（箱の上に）　・컵 뒤에（コップの後ろに）
　・상자 앞에서（箱の前で）　・상자하고 컵 사이에（箱とコップの間に）

하트는 어디에 있어요?（ハートはどこにありますか。）— 상자 안에 있어요.（箱の中にあります。）
컵 앞에 뭐가 있어요?（コップの前に何がありますか。）— 아무것도 없어요.（何もありません。）

第２０課　어디에 있어요?

리에: 가방은 어디에 있어요?

수호: 책상 옆에 있어요.

리에: 사전도 있어요?

수호: 사전은 서랍 안에 있어요.

리에: 잠깐 보여 주세요.

수호: 네, 서랍을 열어 보세요.

＜第20課　どこにありますか＞	＜語句＞	
りえ：カバンはどこにありますか。	가방：カバン	
スホ：机の隣にあります。	사전：辞書	책상：机
りえ：辞書もありますか。	잠깐：ちょっと	서랍：引き出し
スホ：辞書は引き出しの中にあります。	보여 주다：見せてあげる	
りえ：ちょっと見せてください。	열어 보다：開けてみる	
スホ：はい。引き出しを開けてみてください。	-세요：〜してください	

第20課　どこにありますか

20-1) 動詞＋してください／お～ください

①	(ㅏ・ㅗ・ㅑ・ㅘ) 陽母音語幹＋	아 주세요	動詞の語幹＋してください
②	陰母音語幹＋	어 주세요	
③	하다 → 하 ＋	여 주세요 → 해 주세요	

① 보다　보 ＋ 아 주세요 → 봐 주세요．(見てください。)
② 말하다　말하 ＋ 여 주세요 → 말해 주세요．(言ってください。)

◆練習◆　次の文を完成させ、言ってみよう。
1) 잠시만 ＿＿＿＿＿＿＿＿＿．(기다리다) (少し待ってください。)
2) 볼펜 좀 ＿＿＿＿＿＿＿＿＿．(빌리다) (ボールペンをちょっと貸してください。)

20-2) 動詞＋してみてください

①	(ㅏ・ㅗ・ㅑ・ㅘ) 陽母音語幹＋	아 보세요	動詞の語幹 ＋してみてください
②	陰母音語幹＋	어 보세요	
③	하다 → 하 ＋	여 보세요 → 해 보세요	

① 앉다　앉 ＋ 아 보세요 → 앉아 보세요．(座ってみてください。)
② 읽다　읽 ＋ 어 보세요 → 읽어 보세요．(読んでみてください。)

◆練習◆　次の文を完成させ、言ってみよう。
1) 이름을 ＿＿＿＿＿＿＿＿＿．(쓰다) (名前を書いてみてください。)
2) 한국어로 ＿＿＿＿＿＿＿＿＿．(대답하다) (韓国語で答えてみてください。)

20-3) 動詞＋しています

動詞の語幹＋ 고 있어요	動詞の語幹＋しています

☛パッチмの有無に関係なく用いる。「고 있어요」より丁寧に言うならば「고 계세요」となる。

① 마시다　마시＋ 고 있어요 → 차를 마시고 있어요．(お茶を飲んでいます)
② 만들다　만들＋ 고 있어요 → 케이크 만들고 있어요．(ケーキ作っています)

◆練習◆　次の文を完成させ、言ってみよう。
1) 텔레비전을 ＿＿＿＿＿＿＿．(보다) (テレビを見ています。)
2) 한국어를 ＿＿＿＿＿＿＿．(배우다) (韓国語を学んでいます。)

■歌ってみよう！

<誕生日のお祝いの歌> CD-78

생일 축하 노래

생일 축하합니다 생일 축하합니다 사랑 하는 당신의 생일 축하합니다

☛誕生日のお祝いの歌（アメリカの Hill 姉妹作詞作曲の［Good Morning to All］に由来）の、韓国語バージョンである。「사랑하는 당신의 생일 축하합니다」（愛する あなたの お誕生日おめでとう）のところは、「사랑하는 人名의 생일 축하합니다」のように人の名前を入れて歌う。

<クマ3匹（童謡）> CD-79

곰 세 마리

곰 세마리가 한 집에있어 아빠곰 엄마곰 애기곰
くま さんびき が おうち にいます パパぐま ママぐま あかちゃんぐま

아빠곰은 뚱뚱해 엄마곰은 날씬해
パパぐま は ふとっている ママぐま は ナイスボディ

애기곰은 너무귀여워 히쭉히쭉 잘한다
あかちゃんぐま は めちゃかわいい とても とても よくできた

☛韓国の童謡＜クマ3匹＞。ダンスをしながら歌ってみよう。

<日本語訳>

くま3匹がお家にいます	パパぐま、ママぐま、赤ちゃんぐま
パパぐまは、太っている	ママぐまは、ナイスボディ
赤ちゃんぐまは、めちゃ可愛い	とてもとても、よくできた

■ 付　録 ■
■ 助詞一覧 ■

日本語	意味・機能	パッチm 無	パッチm 有 (ㄹパッチm)	パッチm 有
名詞＋は	主題	는 (우리는)	은 (선생님은)	
名詞＋が	主語	가 (우리가)	이 (선생님이)	
名詞＋を	目的	를 (우리를)	을 (선생님을)	
名詞＋も	添加	도 (우리도, 선생님도)		
名詞＋に	場所・時間	에 (도쿄에, 두 시에)		
	人間・動物	에게・한테 / 께 (친구에게・친구한테 / 어머니께)		
名詞＋と	列挙	와 (친구와)	과 (선생님과)	
		랑 (친구랑)	이랑 (선생님이랑)	
		하고 (친구하고, 선생님하고)		
名詞＋に・へ	方向	로 (도쿄로)	로 (서울로)	으로 (한국으로)
名詞＋で	道具・手段	(배로)	(쌀로)	(신칸센으로)
	場所	에서 (도쿄에서)		
名詞＋から	場所	에서 (서울에서)		
	時間・順序	부터 (두 시부터, 야마다 씨부터)		
	人間・動物	에게서・한테서 / 께서(目上の人に) (친구에게서・친구한테서 / 어머니께서)		
名詞＋まで	場所・時間	까지 (오사카까지, 두 시까지)		
名詞＋の	所有	의 (우리의, 선생님의)		
名詞＋より	比較	보다 (우리보다, 선생님보다)		
用言＋して	順接	고 (보고, 먹고)		
用言＋けれど	逆接	지만 (보지만, 먹지만)		
用言＋しに	動作の目的	러 (보러, 만들러)	으러 (먹으러)	

■ 接続詞一覧 ■

그리고 (そして)	그래서 (それで)	그런데 (ところで) =근데	그러나 (しかし) =하지만 (口語) =그렇지만 (口語)	그러면 (それでは) =그럼	그래도 (それでも)

■ 単語リスト(韓国語 — 日本語)

【ㄱ】

가게	お店	고구마	さつま芋	국어	国語
가구	家具	고등학생	高校生	-권	-冊
가깝다	近い	고맙다	ありがたい	귀	耳
가끔	たまに	고모	おばさん(父側)	귤	みかん
가다	行く	고속도로	高速道路	그-	その-
가르치다	教える	고양이	猫	그거(그것)	それ
가방	カバン	고추	唐辛子	그렇다	そうだ
가수	歌手	고향	故郷	그리다	描く
가을	秋	곧	すぐ	그림	絵
가족	家族	공무원	公務員	그립다	懐かしい
간호사	看護師	공부(하다)	勉強(する)	그쪽	そちら
감기	風邪	공원	公園	극장	映画館
같이	一緒に	공학	工学	금요일	金曜日
개	犬	공항	空港	기다리다	待つ
거기	あそこ	과일	果物	기쁘다	嬉しい
거울	鏡	과자	お菓子	기숙사	寮
거의	ほとんど	과학	科学	기억	記憶
걱정하다	心配する	괜찮다	大丈夫だ	기차	汽車
건축	建築	교과서	教科書	길	道・道路
걷다	歩く	교사	教師	김밥	のり巻き
걸리다	かかる(時間)	교실	教室	김치	キムチ
게임	ゲーム	교육	教育	꼬리	しっぽ
겨울	冬	구	9	꼭	きっと・必ず
결석	欠席	구두	靴	꽃	花
경영	経営	구십	90	꿈	夢
경제	経済	구월	9月	끊다	切る
경찰관	警官	국	汁	끝나다	終わる

【ㄴ】

나	わたし・僕	나무	木	나이	年・年齢
나가다	出かける	나비	蝶々	나중에	後で・後ほど
나라	国	나쁘다	悪い	남동생	弟

付　録

남자	男の人	너무	あまりにも	농학	農学
남자친구	ボーイフレンド	넣다	入れる	높다	高い（建物など）
남쪽	南側	넷	四つ（固有語）	누가	誰が
남편	夫	노래	歌	누구	誰
낮다	低い	노래방	カラオケ	누나	姉（←弟）
내년	来年	노래하다	歌う	눈	目・雪
내리다	降る・降りる	노트	ノート	뉴질랜드	ニュージーランド
내일	明日	노트북	ノートパソコン	늘	いつも
냉면	冷麺	녹차	緑茶	늦다	遅れる
냉장고	冷蔵庫	놀다	遊ぶ	느리다	遅い

【ㄷ】

다	すべて・全部	대학생	大学生	둘	二つ（固有語）
다니다	通う	더	もっと	뒤	後・後ろ
다리	脚・橋	덥다	暑い	드라마	ドラマ
다섯	五つ（固有語）	도로	道路・道	드라이브	ドライブ
다시	また・再び	도서관	図書館	드리다	差し上げる
다음 달	来月	도시락	弁当	드시다	召し上がる
다음 주	来週	독서	読書	듣다	聞く・聴く
닦다	磨く	돈	お金	등산	登山
단어	単語	돕다	手伝う	디저트	デザート
닫다	閉める	동급생	同級生	따뜻하다	暖かい
달	月	동물원	動物園	따로	別々に
달다	甘い	동아리	サークル	딸	娘
달력	カレンダー	동쪽	東側	때때로	時々
닭	鶏	돼지	豚	또	また
대단하다	すごい	두-	二つの-	뛰다	走る
대학(교)	大学(校)	두부찌개	豆腐チゲ	뜨겁다	熱い

【ㄹ】

라디오	ラジオ	레몬	レモン	리모콘	リモコン
라면	ラーメン	레스토랑	レストラン	리포트	レポート

【ㅁ】

마루	床	-마리	-匹	마시다	飲む

마흔	四十（固有語）	먼저	先に・まず	무슨-	何の-
만	万	멀다	遠い	문법	文法
만나다	会う	멋있다	かっこいい	문제	問題
만들다	作る	메일	メール	문학	文学
만화	漫画	며칠	何日	묻다	尋ねる
많다	多い	-명	-名	물	水
많이	たくさん	몇-	いくつの-	물리	物理
말	ことば・馬	모두	みんな・すべて	뭐(무엇)	何
말하다	言う	모르다	知らない・分からない	뭘	何を
맛있다	おいしい	모자	帽子	미국	アメリカ
맞다	合う・正しい	목	首・喉	미안하다	すまない
매일	毎日	목요일	木曜日	미용사	美容師
맥주	ビール	목욕하다	風呂に入る	미용실	美容室
맵다	辛い	몸	身体	믿다	信じる
머리	頭・髪の毛	무리	無理	밀감	ミカン
먹다	食べる	무섭다	怖い	밑	下・底

【ㅂ】

바꾸다	変える	백	百	복지	福祉
바다	海	백화점	デパート	볼펜	ボールペン
바람	風	뱀	蛇	봄	春
바쁘다	忙しい	버스정류장	バス亭	부모	父母
바지	ズボン	-번	-番	부치다	送る（手紙）
바퀴벌레	ゴキブリ	번호	番号	부탁하다	頼む
박물관	博物館	벗다	脱ぐ	북쪽	北側
밖	外	변호사	弁護士	분	方
반	半	별로	別に・あまり	불고기	焼肉
반갑다	嬉しい	-병	-本（ボトル）	불다	吹く・増える
받다	受け取る	병	病気	붙이다	貼る・つける
발	足	병원	病院	비	雨
밥	ご飯	보건	保健	비디오	ビデオ
방	部屋	보내다	送る・過ごす	비빔밥	ビビンバ
배	腹・船・梨	보다	見る	비싸다	高い（値段）
배우	俳優	보통	普通	비행기	飛行機
배우다	習う・学ぶ	복숭아	桃		

| 빠르다 | 速い | 빨래(하다) | 洗濯(する) | 빵 | パン |
| 빨래 | 洗濯物 | 빨리 | 早く・急いで | | |

【ㅅ】

사	4	서예	書道	술	酒
사과	リンゴ	서울	ソウル	쉬다	休む
사다	買う	서점	書店	쉰	五十（固有語）
사람	人	서쪽	西側	쉽다	易しい
사랑	愛・恋	선물	プレゼント・お土産	스물	二十（固有語）
사실	事実	선배	先輩	스커트	スカート
사십	40	선생님	先生	스키	スキー
사용(하다)	使用(する)	선선하다	涼しい	스포츠선수	スポーツ選手
사월	4月	성적표	成績表	슬프다	悲しい
사이	間	세-	三つの-	시	時
사장	社長	세 개	3個	시간	時間
사전	辞典	세수(하다)	洗顔(する)	시간표	時間割
사진	写真	세탁소	クリーニング店	시계	時計
사촌	従兄弟	셋	三つ（固有語）	시월	10月
사회	社会	소리	音・声	시장	市場
산	山	소주	焼酎	시험	試験
살다	住む・暮らす	소파	ソファ	식당	食堂
삼	3	속	中	식사(하다)	食事(する)
삼십	30	손	手	신다	履く
삼월	3月	손수건	ハンカチ	신문	新聞
삼촌	おじさん（父側）	손자	孫	신칸센	新幹線
상업	商業	쇼핑(하다)	ショッピング(する)	신학기	新学期
색	色	수도	首都	실례	失礼
샌드위치	サンドイッチ	수업	授業	싫다	いやだ・嫌いだ
샐러드	サラダ	수영	水泳	싫어하다	嫌いだ
생일	誕生日	수영장	プール	심다	植える
서다	立つ・止まる	수요일	水曜日	심리	心理
서랍	引き出し	수첩	手帳	십	10
서류	書類	수퍼	スーパー	십이월	12月
서른	三十（固有語）	수학	数学	십일월	11月
서비스	サービス	숙제	宿題	싸다	安い

| 쌀 | 米 | 쓰다 | 書く・使う | 씻다 | 洗う |
| 싸우다 | 戦う・喧嘩する | -씨 | -さん | | |

【ㅇ】

아까	さっき	약제사	薬剤師	여름	夏
아나운서	アナウンサー	양	羊	여보세요	もしもし
아내	妻	양말	靴下	여섯	六つ（固有語）
아들	息子	어느-	どの-	여우	狐
아래	下	어느 거(어느 것)	どれ	여유	余裕
아르바이트(하다)	アルバイト(する)	어디(에)	どこ(に)	여자친구	ガールフレンド
아무도	誰も	어디(에)서	どこで・どこから	여행(하다)	旅行(する)
아버지	お父さん	어떤	どんな	역	駅
아빠	パパ	어떻게	どうやって	연락	連絡
아야!	痛い!	어렵다	難しい	연습(하다)	練習(する)
아이	子ども	어린이	子ども	연필	鉛筆
아이스크림	アイスクリーム	어린이 날	子どもの日	열	十（固有語）
아주	とても	어머나!	あらまあ!	열다	開ける
아직	まだ	어머니	お母さん	열쇠	鍵
아침	朝	어버이 날	両親の日	열심히	熱心に・一生懸命
아파트	アパート	어서	早く・急いで	영국	イギリス
아프다	痛い・具合が悪い	어울리다	似合う	영어	英語
아홉	九つ（固有語）	어제	昨日	영화	映画
아흔	九十（固有語）	언니	姉（←妹）	영화감상	映画鑑賞
안	中・内	언제	いつ	영화관	映画館
안경	メガネ	언제나	いつも	옆	横・隣・側
앉다	座る	얼굴	顔	예	はい（返事）
알다	知る、分かる	얼굴색	顔色	예쁘다	きれいだ
앞	前	얼마	いくら（数え方）	예순	六十（固有語）
애완 동물	ペット	얼마나	どれほど	옛날	昔
애인	恋人	엄마	ママ	오	5
애플파이	アップルパイ	없다	ない・いない	오늘	今日
야구	野球	여기	ここ	오다	来る
약	薬	여덟	八つ（固有語）	오래	長く
약국	薬局	여동생	妹	오른쪽	右側
약속	約束	여든	八十（固有語）	오빠	兄（←妹）

오십	50	운전사	運転手	이름	名前
오월	5月	운전(하다)	運転(する)	이모	おばさん(母側)
오이	キュウリ	울다	泣く	이번 달	今月
오전	午前	웃다	笑う	이번 주	今週
오징어	イカ	원	ウォン	이십	20
오토바이	オートバイ	원숭이	猿	이야기(하다)	話(す)
오해	誤解	월요일	月曜日	이월	2月
오후	午後	위	上	이유	理由
올해	今年	유람선	遊覧船	이해(하다)	理解(する)
옷	服	유리	ガラス	이제	もう・すでに
옷장	タンス	유명하다	有名だ	이쪽	こちら
왜	なぜ	유월	6月	인기	人気
외	外	유치원생	幼稚園児	인터넷	インターネット
외국어	外国語	유학생	留学生	일	一・日・仕事・用事
외국인	外国人	육	6	일곱	七つ(固有語)
외삼촌	おじさん(母側)	육십	60	일기	日記
외할머니	おばあさん(母側)	은	銀	일본	日本
외할아버지	おじいさん(母側)	은행	銀行	일본어	日本語
왼쪽	左側	은행원	銀行員	일본인	日本人
요가	ヨガ	음료수	飲料水	일어나다	起きる
요리	料理	음식	食べ物	일요일	日曜日
용	龍	음악	音楽	일월	1月
용돈	小遣い	음악감상	音楽鑑賞	일찍	早く
우리	わたしたち(の)	의사	医師	일(하다)	仕事(する)・働く
우산	傘	의자	椅子	일학년	1年生
우아	優雅	의학	医学	일흔	七十(固有語)
우유	牛乳	이	2	읽다	読む
우체국	郵便局	이번	今度	입	口
운동(하다)	運動(する)	이거(이것)	これ	입다	着る
운동장	運動場	이달	今月	입학식	入学生
운동회	運動会	이따가	後で	있다	ある・いる

【ㅈ】

자다	寝る	자르다	切る	자영업	自営業
자동차	自動車	자명종	目覚まし時計	자전거	自転車

자주	頻繁に	전혀	全然・まったく	죽	お粥
작년	去年	전화(하다)	電話(する)	준비(하다)	準備・用意(する)
작다	小さい	점심	昼食	중국	中国
-잔	-杯	정각	ちょうど	중국어	中国語
잘	よく	정말(로)	本当（に）	중학생	中学生
잠깐	しばらく	정치	政治	쥐	ネズミ
잠시만	少しの間	정하다	決める	쥐다	つかむ
잠옷	パジャマ	제-	わたくしの-	지갑	財布
잡다	つかむ	제일	一番(最高)	지금	今
잡지	雑誌	조카	甥・姪	지난달	先月
장갑	手袋	졸업식	卒業式	지난주	先週
장학금	奨学金	좀 더	もう少し	지내다	過ごす
재미있다	面白い	좀(조금)	少し・ちょっと	지다	負ける
저	わたくし	종이	紙	지도	地図
저-	あの-	좋다	いい・よい	지우개	消しゴム
저거(저것)	あれ	좋아하다	好きだ・好む	지키다	守る
저녁	夕方・晩	주다	あげる	지하철	地下鉄
저쪽	あちら	주말	週末	직업	職業
저희	わたくしたち（の）	주문(하다)	注文する	집	家
적다	少ない	주부	主婦	짓다	作る・建てる
전	前	주소	住所	짜다	塩辛い・絞る
전공	専攻	주스	ジュース	쯤	頃
전철	電車	주의	注意	찍다	撮る
전하다	伝える	주차장	駐車場	찜질방	サウナ

【ㅊ】

차	車	책상	机	축구	サッカー
차다	冷たい・蹴る	책장	本棚	축하(하다)	祝賀(する)
착하다	優しい(性格)	처음	はじめて	출발(하다)	出発(する)
참	とても	천	千	출석(하다)	出席(する)
참가(하다)	参加(する)	천천히	ゆっくり	춥다	寒い
창문	窓	청바지	ジーパン	취미	趣味
찾다	探す	청소(하다)	掃除(する)	취직(하다)	就職(する)
채소	野菜	체육	体育	치마	スカート
책	本	초등학생	小学生	치즈버거	チーズバーガー

付　録

치학	歯学	침대	ベッド	칠십	70
친구	友だち	칠	7	칠월	7月

【ㅋ】

카메라	カメラ	컴퓨터	コンピュータ	코트	コート
카페	カフェ	케첩	ケチャップ	콜라	コーラ
커튼	カーテン	코	鼻	크다	大きい(サイズ)
커피	コーヒー	코끼리	象	키	身長・背

【ㅌ】

타다	乗る	테이블	テーブル	토요일	土曜日
태권도	テコンドー	텔레비전	テレビ	-통	-箱
택시	タクシー	토끼	ウサギ	통장	通帳
테니스	テニス	토마토	トマト		

【ㅍ】

파	ねぎ	팔월	8月	포도	ぶどう
파티	パーティ	팥빙수	かき氷	프라이드 치킨	フライドチキン
팔	8	편의점	コンビニ	피자	ピザ
팔다	売る	편지	手紙	필통	筆箱
팔십	80	평일	平日	PC방	ネットカフェ

【ㅎ】

하나	一つ(固有語)	항상	いつも	홍차	紅茶
하트	ハート	해	太陽	화요일	火曜日
학비	授業料	핸드폰	携帯電話	화장실	トイレ
학생	学生	햄버거	ハンバーガー	화학	化学
한국	韓国	허리	腰	회사	会社
한국사	韓国史	허리띠	ベルト	회사원	会社員
한국어	韓国語	형	兄（←弟）	후배	後輩
한국인	韓国人	헬리콥터	ヘリコプター	휴가	休暇
한자	漢字	호랑이	虎	휴일	休日
함께	一緒に	호주	オーストラリア	휴지	ティッシュ
할머니	おばあさん(父側)	호텔	ホテル	휴학	休学
할아버지	おじいさん(父側)	혼자	一人（で）	힘들다	きつい・つらい

■ 単語リスト（日本語 ― 韓国語）

【あ】

愛	사랑	洗う	씻다	犬	개
アイスクリーム	아이스크림	あらまあ！	어머나！	今	지금
間(あいだ)	사이	ありがたい	고맙다	妹	여동생
会う	만나다	ある	있다	いやだ	싫다
合う(サイズ)	맞다	歩く	걷다	いる	있다
秋	가을	アルバイト(する)	아르바이트(하다)	入れる	넣다
開ける	열다	あれ	저거	色	색
朝	아침	いい・よい	좋다	インターネット	인터넷
脚	다리	言う	말하다	飲料水	음료수
足	발	家	집	上	위
明日	내일	イカ	오징어	植える	심다
あそこ	거기	医学	의학	ウォン	원
遊ぶ	놀다	イギリス	영국	受け取る	받다
与える	주다	行く	가다	ウサギ	토끼
暖かい	따뜻하다	いくつの	몇	後ろ	뒤
頭	머리	いくら(数え方)	얼마	歌	노래
あちら	저쪽	医師	의사	歌う	노래하다
暑い	덥다	椅子	의자	馬	말
熱い	뜨겁다	忙しい	바쁘다	海	바다
アップルパイ	애플파이	痛い・具合が悪い	아프다	売る	팔다
後(で)	이따가・나중에	痛い！	아야！	嬉しい	기쁘다・반갑다
アナウンサー	아나운서	1	일	運転手	운전사
兄	오빠 (←妹)	1月	일월	運転(する)	운전(하다)
兄	형 (←弟)	1年生	일학년	運動(する)	운동(하다)
姉	언니 (←妹)	市場	시장	運動会	운동회
姉	누나 (←弟)	一番(最高)	제일	運動場	운동장
あの-	저-	いつ	언제	絵	그림
アパート	아파트	一緒に	같이・함께	映画	영화
甘い	달다	五つ(固有語)	다섯	映画館	극장・영화관
あまりにも	너무	いつも	늘・언제나・항상	映画鑑賞	영화감상
雨	비	いとこ	사촌	英語	영어
アメリカ	미국	いない	없다	描く	그리다

付　録

駅	역	起きる	일어나다	弟	남동생
鉛筆	연필	送る（物）	부치다	男の人	남자
甥	조카	遅れる	늦다	お腹	배
おいしい	맛있다	おじいさん（母側）	외할아버지	おばあさん（母側）	외할머니
多い	많다	おじいさん（父側）	할아버지	おばあさん（父側）	할머니
大きい	크다	教える	가르치다	おばさん（父側）	고모
オーストラリア	호주	おじさん（父側）	삼촌	おばさん（母側）	이모
オートバイ	오토바이	おじさん（母側）	외삼촌	面白い	재미있다
お母さん	어머니	遅い	느리다	終わる	끝나다
お菓子	과자	夫	남편	音楽	음악
お金	돈	音	소리	音楽鑑賞	음악감상
お粥	죽	お父さん	아버지	女の人	여자

【か】

カーテン	커튼	風邪	감기	漢字	한자
ガールフレンド	여자친구	家族	가족	木	나무
階	층	一方	일분	記憶	기억
外国語	외국어	かっこいい	멋있다	聞く	듣다
外国人	외국인	悲しい	슬프다	汽車	기차
会社	회사	カバン	가방	季節	계절
会社員	회사원	カフェ	카페	北側	북쪽
買う	사다	紙	종이	きつい	힘들다
変える	바꾸다	カメラ	카메라	きっと	꼭
顔	얼굴	通う	다니다	狐	여우
化学	화학	火曜日	화요일	昨日	어제
科学	과학	辛い	맵다	キムチ	김치
鏡	거울	カラオケ	노래방	決める	정하다
かき氷	팥빙수	ガラス	유리	9	구
鍵	열쇠	身体	몸	休暇	휴가
書く	쓰다	カレンダー	달력	休日	휴일
家具	가구	韓国	한국	90	구십
学生	학생	韓国語	한국어	九十（固有語）	아흔
傘	우산	韓国史	한국사	休学	휴학
歌手	가수	韓国人	한국인	牛乳	우유
風	바람	看護師	간호사	キュウリ	오이

今日	오늘	警官	경찰관	5月	오월
教育	교육	経済	경제	ゴキブリ	바퀴벌레
教科書	교과서	携帯電話	핸드폰	故郷	고향
教師	교사	ゲーム	게임	国語	국어
教室	교실	消しゴム	지우개	ここ	여기
去年	작년	ケチャップ	케첩	九つ（固有語）	아홉
嫌いだ	싫어하다	結果	결과	午後	오후
切る	자르다·끊다	欠席	결석	腰	허리
着る	입다	月曜日	월요일	50	오십
きれいだ	예쁘다	蹴る	차다	五十（固有語）	쉰
金曜日	금요일	喧嘩する	싸우다	午前	오전
銀行	은행	建築	건축	こちら	이쪽
銀行員	은행원	5	오	小遣い	용돈
空港	공항	恋	사랑	今年	올해
9月	구월	恋人	애인	ことば	말
薬	약	号	호	子ども	아이
果物	과일	講演	공원	ご飯	밥
口	입	工学	공학	米	쌀
靴	구두	高校生	고등학생	これ	이거(이것)
靴下	양말	高速道路	고속도로	頃	쯤
国	나라	紅茶	홍차	怖い	무섭다
首	목	後輩	후배	今月	이달
クリーニング店	세탁소	公務員	공무원	今週	이번 주
来る	오다	コート	코트	コンビニ	편의점
車	차	コーヒー	커피	コンピュータ	컴퓨터
経営	경영	コーラ	콜라		

【さ】

サークル	동아리	酒	술	サラダ	샐러드
サービス	서비스	冊	권	猿	원숭이
財布	지갑	サッカー	축구	3	삼
サウナ	찜질방	さっき	아까	-さん	-씨
探す	찾다	雑誌	잡지	参加(する)	참가(하다)
杯	잔	さつま芋	고구마	3月	삼월
先に	먼저	寒い	춥다	3個	세 개

30	삼십	授業	수업	スーパー	수퍼
三十（固有語）	서른	授業料	학비	スカート	치마·스커트
サンドイッチ	샌드위치	祝賀(する)	축하(하다)	スキー	스키
時	시	宿題	숙제	好きだ	좋아하다
自営業	자영업	出席	출석	少ない	적다
塩辛い	짜다	出発する	출발하다	すぐ	곧·금방·바로
歯学	치학	首都	수도	すごい	대단하다
4月	사월	主婦	주부	少し	좀(조금)
時間	시간	趣味	취미	過ごす（時間）	보내다
時間割	시간표	準備(する)	준비(하다)	過ごす	지내다
試験	시험	使用(する)	사용(하다)	涼しい	선선하다
仕事	일	奨学金	장학금	すべて	전부
事実	사실	小学生	초등학생	スポーツ選手	스포츠선수
下	아래·밑	商業	상업	ズボン	바지
7月	칠월	焼酎	소주	すまない	미안하다
しっぽ	꼬리	職業	직업	住む	살다
失礼	실례	食事(する)	식사(하다)	座る	앉다
辞典	사전	食堂	식당	政治	정치
自転車	자전거	ショッピング(する)	쇼핑(하다)	成績表	성적표
自動車	자동차	書店	서점·책방	千	천
しばらく	잠깐	書道	서예	洗顔する	세수하다
絞る	짜다	書類	서류	先月	지난달
閉める	닫다	知らない	모르다	専攻	전공
社会	사회	汁	국	先週	지난주
写真	사진	知る·分かる	알다	先生	선생님
社長	사장	新学期	신학기	全然	전혀
10	십	新幹線	신칸센	洗濯(する)	빨래(하다)
十（固有語）	열	信じる	믿다	洗濯物	빨래
11月	십일월	身長	키	先輩	선배
10月	시월	心配(する)	걱정(하다)	全部	전부
住所	주소	新聞	신문	象	코끼리
就職(する)	취직(하다)	心理	심리	掃除(する)	청소(하다)
ジュース	주스	水泳(する)	수영(하다)	そうだ	그렇다
12月	십이월	水曜日	수요일	ソウル	서울
週末	주말	数学	수학	そちら	그쪽

| 卒業(する) | 졸업(하다) | 外 | 밖 | ソファ | 소파 |
| 卒業式 | 졸업식 | その- | 그- | | |

【た】

体育	체육	中国語	중국어	電話(する)	전화(하다)
大学	대학(교)	駐車場	주차장	トイレ	화장실
大学生	대학생	昼食	점심	唐辛子	고추
大丈夫だ	괜찮다	注文(する)	주문(하다)	同級生	동급생
太陽	해・태양	蝶々	나비	豆腐チゲ	두부찌개
高い	비싸다・높다	ちょうど	정각	動物園	동물원
たくさん	많이	直行便	직항	どうやって	어떻게
タクシー	택시	ちょっと	좀(조금)	道路	도로
尋ねる	묻다	通帳	통장	遠い	멀다
戦う	싸우다	使う	쓰다	時々	때때로
正しい	맞다	つかむ	잡다	読書	독서
立つ	서다	月	달	時計	시계
龍	용	机	책상	どこ	어디
頼む	부탁하다	作る	만들다	どこで	어디서
食べ物	음식	伝える	전하다	登山	등산
食べる	먹다	妻	아내	図書館	도서관
たまに	가끔	冷たい	차다	とても	아주・참
誰	누구	手	손	隣	옆
誰が	누가	ティッシュ	휴지	どの-	어느-
誰もいない	아무도 없다	テーブル	테이블	トマト	토마토
単語	단어	出かける	나가다	止まる	서다
誕生日	생일	手紙	편지	友だち	친구
タンス	옷장	テコンドー	태권도	土曜日	토요일
小さい	작다	デザート	디저트	虎	호랑이
チーズバーガー	치즈버거	手帳	수첩	ドライブ	드라이브
近い	가깝다	手伝う	돕다	ドラマ	드라마
地下鉄	지하철	テニス	테니스	撮る	찍다
地図	지도	デパート	백화점	どれ	어느 거(어느 것)
注意	주의	手袋	장갑	どれほど	얼마나
中学生	중학생	テレビ	텔레비전	どんぐり	도토리
中国	중국	電車	전철	どんな	어떤

【な】

ない	없다	何の	무슨	根	뿌리
中	안・속	2	이	ねぎ	파
長く	오래	似合う	어울리다	猫	고양이
泣く	울다	2月	이월	ネズミ	쥐
梨	배	西側	서쪽	熱心に・一生懸命	열심히
なぜ	왜	20	이십	ネットカフェ	PC방
夏	여름	二十（固有語）	스물	寝る	자다
懐かしい	그립다	日曜日	일요일	年齢	나이
7	칠	日記	일기	農学	농학
70	칠십	日本	일본	ノート	노트
七十（固有語）	일흔	日本語	일본어	ノートパソコン	노트북
七つ（固有語）	일곱	日本人	일본인	喉・首	목
何	뭐(무엇)	入学生	입학식	飲む	마시다
何を	뭘(무엇을)	ニュージーランド	뉴질랜드	のり巻き	김밥
名前	이름	鶏	닭	乗る	타다
習う	배우다	人気	인기		
何日	며칠	脱ぐ	벗다		

【は】

パーティー	파티	80	팔십	パン	빵
はい（返事）	예・네	八十（固有語）	여든	ハンカチ	손수건
俳優	배우	花	꽃	番号	번호
履く	신다	鼻	코	ハンバーガー	햄버거
博物館	박물관	話す	이야기하다	日	일・날
箱	통	パパ	아빠	ビール	맥주
橋	다리	速い	빠르다	東側	동쪽
はじめて	처음	速く	빨리	-匹	-마리
パジャマ	잠옷	早く	일찍	引き出し	서랍
走る	뛰다	バラ	장미	低い	낮다
バス亭	버스정류장	春	봄	飛行機	비행기
働く	일하다	貼る	붙이다	ピザ	피자
8	팔	半	반	左側	왼쪽
8月	팔월	-番	-번	羊	양

ビデオ	비디오	二つ（固有語）	둘	別々に	따로
人	사람	二つの	두	蛇	뱀
一つ（固有語）	하나	普通	보통	部屋	방
一つの	한-	物理	물리	ヘリコプター	헬리콥터
一人（で）	혼자(서)	筆箱	필통	ベルト	허리띠
ビビンバ	비빔밥	ぶどう	포도	勉強(する)	공부(하다)
百	백	船	배	弁護士	변호사
秒	초	父母	부모	弁当	도시락
病院	병원	冬	겨울	帽子	모자
病気	병	フライドチキン	프라이드 치킨	ボーイフレンド	남자친구
美容師	미용사	降る	내리다	ボールペン	볼펜
美容室	미용실	プレゼント	선물	保健	보건
頻繁に	자주	風呂に入る	목욕하다	ホテル	호텔
プール	수영장	文学	문학	ほとんど	거의
増える	불다(量)	文法	문법	骨	뼈
吹く	불다(風)	平日	평일	本	책
服	옷	ベッド	침대	-本（ボトル）	-병
福祉	복지	ペット	애완 동물	本棚	책장
豚	돼지	別に・あまり	별로	本当（に）	정말(로)

【ま】

毎日	매일	漫画	만화	難しい	어렵다
前	앞・전	磨く	닦다	息子	아들
負ける	지다	みかん	귤・밀감	娘	딸
孫	손자	右側	오른쪽	六つ（固有語）	여섯
また	또・다시	水	물	無理	무리
まだ	아직	店	가게	目	눈
待つ	기다리다	道	길	-名	-명
まっすぐ	쭉	三つ（固有語）	셋	姪	조카
まったく	전혀	三つの	세	メール	메일
窓	창문	南側	남쪽	メガネ	안경
学ぶ	배우다	耳	귀	目覚まし時計	자명종시계
ママ	엄마	見る	보다	もう・すでに	이제
守る	지키다	みんな	모두・다	もう少し	좀 더
万	만	昔	옛날	木曜日	목요일

もしもし	여보세요	桃	복숭아		
もっと	더	問題	문제		

【や】

焼肉	불고기	山	산	ヨガ	요가
野球	야구	優雅	우아	よく	잘
薬剤師	약제사	夕方	저녁	横	옆·곁
約束	약속	郵便局	우체국	四つ（固有語）	넷
野菜	채소	有名だ	유명하다	読む	읽다
優しい	착하다	遊覧船	유람선	余裕	여유
易しい	쉽다	雪	눈	夜	밤
安い	싸다	ゆっくり	천천히	4	사
休む	쉬다	夢	꿈	40	사십
薬局	약국	用事	일	四十（固有語）	마흔
八つ（固有語）	여덟	幼稚園児	유치원생		

【ら】

ラーメン	라면	寮	기숙사	レポート	리포트
来月	다음 달	両親	부모님	レモン	레몬
来週	다음 주	両親の日	어버이 날	練習(する)	연습(하다)
来年	내년	緑茶	녹차	連絡(する)	연락(하다)
ラジオ	라디오	旅行(する)	여행(하다)	6月	유월
理解(する)	이해(하다)	リンゴ	사과	60	육십
リモコン	리모콘	冷蔵庫	냉장고	六十（固有語）	예순
理由	이유	冷麺	냉면		
留学生	유학생	レストラン	레스토랑		

【わ】

分かる	알다	わたし・僕	나	笑う	웃다
私（わたくし）	저	わたしたち(の)	우리	悪い	나쁘다
私（わたくし）の	제	わたしども(の)	저희		

■著者紹介

朴　珍希（パク　ジニ）

岡山大学文学部卒業。岡山大学大学院修士課程（文学研究科）修了。岡山大学大学院博士後期課程（社会文化科学研究科）在学中。
岡山大学・岡山県立大学・山陽学園大学・美作大学・中国学園大学などで韓国語講師。
著書に『初級テキスト　アンニョンハセヨ！韓国語』、論文に「『するには』に関する一考察」、「オリンピック記事における日韓比較－新聞の見出しをもとに－」（共著）などがある。

初級テキスト
みんなで話そう！韓国語Ⅰ

2012年5月1日　初版第1刷発行

■著　　者──朴　珍希
■発 行 者──佐藤　守
■発 行 所──株式会社　大学教育出版
　　　　　　〒700-0953　岡山市南区西市855-4
　　　　　　電話(086)244-1268㈹　FAX(086)246-0294
■印刷製本──サンコー印刷㈱
■イラスト──竹谷洋子

Ⓒ Jinny Park 2012, Printed in Japan
検印省略　落丁・乱丁本はお取り替えいたします。
無断で本書の一部または全部を複写・複製することは禁じられています。

ISBN978－4－86429－145－3